Ricarda Jaekel

IM LAND DER SONNE UND DES WINDES

Ricarda Jaekel

IM LAND DER SONNE UND DES WINDES

Die Heilung der Seele – Der Weg der Mitte
Teil 2

Für alle, die auf der Suche sind

edition fischer

Bibliografische Information der Deutschen Nationalbibliothek
Die Deutsche Nationalbibliothek verzeichnet diese Publikation in der Deutschen Nationalbibliografie; detaillierte bibliografische Daten sind im Internet über http://dnb.d-nb.de abrufbar.

Orber Str. 30, D-60386 Frankfurt/Main

Schriftart: Times
Herstellung: ef / NL
Printed in Germany
ISBN 978-3-89950-566-5

Dieses Buch widme ich den samischen Menschen,
dem Volk der Sonne und des Windes.

Den här boken tillägnas Samerna,
folket av solen och vinden.

1. KAPITEL

Aufbruch in das Leben

Zu Frühlingsbeginn ist die Landschaft in Lappland immer noch mit einem weißen Kleid aus Schnee verzaubert. Für viele Schweden ist der März der schönste Monat des Jahres. Wenn die Sonne über Lappland scheint, ist das Licht so grell, dass man fast geblendet wird. Sonnenbaden in gebauten Schneeburgen, Eisangeln auf den zugefrorenen Flüssen und Seen, Fahrten mit dem Schneemobil hinauf in die Fjälls, dort im Freien Kaffee kochen und die sonnendurchflutete weiße Landschaft beschauen – das sind Erlebnisse, die tiefe Freude auslösen. Für Lillemor haben die Tage des Wechsels der Jahreszeiten stets einen Hauch von Magie. Auch wenn das Land unter einer weißen Schneedecke ruhte, wusste sie, dass dem nicht so ist. Die Natur ist bereit zu Aufbruch und Neubeginn. Ja, diesen besonderen Tag des Jahres wollte sie ganz bewusst gemeinsam mit ihrem alten Freund Staffan erleben.

Ihre Huskys Mascha und Athaba konnten es kaum erwarten, im Schnee umherzutollen. Mit dem Hundeschlitten wollte sie heute zu Staffan nach Björkland fahren.

Im Spätherbst verlässt ihr alter Freund sein Häuschen auf der Insel Lillholmen.

Sein Winterhaus liegt einsam gelegen auf einer großen Lichtung inmitten der Wildnis.

Lillemor liebt es, die Kraft der Huskys zu spüren, die mit feuriger Energie den Schlitten zogen und sichtbare Freude hatten, durch die verwunschene Winterwelt zu laufen. Aber auch die eigene Kraft zu erfahren tat ihr gut. Um nichts in der Welt würde sie eine erlebte Schlittenfahrt mit Mascha und Athaba gegen eine Tour mit dem Schneemobil tauschen wollen. Was gab es denn Schöneres, als den Fahrtwind zu spüren, die klare und reine Luft zu atmen und mit allen Sinnen die sonnengetränkte Winterlandschaft bei azurblauem Himmel zu genießen. Der Hundeschlitten gehörte für sie in den hohen Norden. Ursprünglich, gemeinsam mit den Tieren dem Schnee verbunden zu sein – das war ihre Vorstellung von Winterromantik. Hier im Herzen Lapplands ist die Winterwelt ein Märchen aus glitzerndem Schnee, Eis, Sonne und strahlend blauem Himmel. Schon viele Wochen hatte sie ihren lieben alten Freund nicht mehr gesehen. Nun war die Freude groß, Staffan wiederzusehen.

Staffan war für Lillemor ein ganz besonderer Mensch und sie war dankbar, dass sie ihm begegnen durfte. Die gemeinsame Wanderung durch den Nationalpark »Padjelanta« im letzten Sommer hatte das seelische Band zu diesem weisen Mann noch tiefer geschnürt. Staffan gab ihr eine besondere Geborgenheit.

Mit ihm konnte sie über das Leben sprechen, denn sie wollte den Dingen auf den Grund gehen, gab sich selten mit Oberflächlichkeit zufrieden. Der alte Schwede verstand ihr Bedürfnis nach Tiefe und erwies sich nicht nur als ein weiser Ratgeber – er war darüber hinaus für sie ein Vorbild. Er lebte ein Leben, das von berührender Weisheit getragen wurde, und das empfand sie als Ansporn, sich ebenfalls von Spiritualität erfüllen und führen zu lassen. Die Gespräche mit ihrem Staffan waren stets etwas Besonderes und berührten sie sehr. Wenn sie bei ihm war, konnte sie den Alltag vollkommen abgeben und sich auf eine andere Welt einlassen, die ihr Einblick in das Verborgene gewährte. Staffan und seine Weisheit waren schon längst für Lillemor eine Quelle der Kraft, Hoffnung und Zuversicht geworden. Er war für sie der reine, stille und klare Mensch, wie ein Fels in der Brandung im Leben stehend. Sein Gottvertrauen und sein Gleichmut, mit den

Schwankungen des Lebens umzugehen, waren offensichtlich die Basis für den starken Magnetismus, der von ihm ausging.
Sie war neugierig, in welche Richtung ihre Gedanken wohl heute Ausschau halten und welche Worte sich manifestieren würden, um, wie schon so oft, Bedeutungsvolles aus dem Mund Staffans zu erfahren. Nun war es so weit. Der Rucksack war gefüllt mit den Dingen, die Staffan so gut schmeckten. Damit wollte sie ihn überraschen: ein Topf, gefüllt mit Paprika-Koriander-Suppe, selbst gebackenem Brot, Früchtekuchen und Preiselbeermarmelade. Ja, sie freute sich schon auf sein strahlendes Gesicht. Es tat ihr gut, auf diese Weise den alten Mann zu verwöhnen.
Mascha und Athaba waren wie immer vor jeder Fahrt aufgeregt und es war nicht leicht, ihren quirligen Lieblingen das Geschirr anzulegen. Lillemor, am Rande der Wildnis lebend, konnte direkt von ihrem Grund aus die Tour beginnen. Schon sehr bald erreichte sie eine der vielen verfestigten Fahrspuren der Schneemobile, auf denen man viele hundert Kilometer durch das Land fahren konnte. Auf diese Weise war es für sie leicht, Staffan mit dem Schlitten zu besuchen, denn die Spur kreuzte beinahe sein Anwesen.
Staffan bereitete im Freien ein offenes Feuer vor. An diesem ersten Frühlingstag wollte er mit Lillemor draußen in der Natur sein. Er liebte das einsame Leben inmitten der Wildnis. Doch wenn Lillemor ihren Besuch ankündigte, freute auch er sich auf die gemeinsamen Stunden.
Dieser sensiblen Frau hatte er längst Zutritt in sein Herz gewährt. Mascha und Athaba kündigten mit aufgeregtem Rufen ihr Kommen an. Der alte Mann freute sich, die munteren Gesellen wiederzusehen, und umarmte Lillemor auf das Herzlichste. Der Duft von frisch gebrühtem, auf offenem Feuer zubereitetem Kaffee erfüllte die Winterluft. Oh wie gut, heißer Kaffee, schwärmte Lillemor, der wird mir jetzt guttun. Die Huskys labten sich an

ihrer Mittagsmahlzeit. Die stattlichen hohen Fichten hinter Staffans Haus waren immer noch dick mit Schnee bezuckert. Doch längst schnürte der Winter die Fesseln nicht mehr so eng. Väterchen Frost zog sich langsam in die Berge zurück und würde wohl bald seinen Zepter aus Eis durch die wärmende Kraft der Sonne an sie verlieren. Der strahlende blaue Himmel bot eine traumhafte Kulisse zu den tanzenden weißen Wolken.
Staffan und Lillemor saßen auf mit weichen Decken belegten Holzbänken und schauten in das Feuer, das knisternd lodernd Wärme verschenkte.
»Welch ein Tag, Lillemor!«, sprach Staffan. »Ein neuer Zyklus beginnt in der Natur. Alles unterliegt dem Gesetz des Rhythmus und so erfahren wir Menschen und alle Lebewesen verschiedene Qualitäten der Zeit. Die Sonne durchwandert in ihrem scheinbaren Lauf um die Erde zwölf Tierkreiszeichen, die symbolisch die kosmischen Urkräfte beschreiben. Die Natur ist nun bereit zum Aufbruch und erwacht nach langem Winterschlaf zu neuem Leben«.
»Ach Staffan«, sagte Lillemor, »du bist so heilsam für mich. Dein tiefgründiges Erfassen der Dinge berührt mich sehr.«
»Ich bin also heilsam für dich?«, fragte er verschmitzt.
»Ja, das bist du. Du hilfst mir, die Dinge besser zu verstehen. Deine Weisheit festigt meine ganzheitliche Betrachtungsweise. Das ist sehr wertvoll. Außerdem fühle ich mich bei dir verstanden und geborgen. Ich bin gern bei dir, du tust mir einfach gut. Du bist so viel auf einmal für mich: der väterliche, weise Freund, der mich teilhaben lässt an seinem Leben und seinem Wissensschatz. Du strahlst Gelassenheit, Harmonie und inneren Frieden aus. Ich glaube, deine Seele ist heil geworden. Wollen wir nicht das Thema ›Heilung der Seele‹ uns gemeinsam erschließen?«, fragte sie.
Wieder musste Staffan verschmitzt lächeln. »Ach Lillemor, natürlich können wir über Heilung sprechen! Doch dafür reicht unser

Nachmittag nicht aus, aber wir haben ja Zeit, ein ganzes neues Jahr. Wie sagte ich doch? In der Natur beginnt ein neuer Zyklus. Lass uns doch auch einen neuen Reigen beginnen, in dem wir in die Tiefe des Seelenraumes eintauchen, um zu erfahren, was die Heilung der Seele wirklich bedeutet. Nun komm, Lillemor! Lass uns ins Haus gehen!«

Es bewölkte sich nun zusehends und ein leichter Wind kam auf, der nur kurze Zeit später mit Schneeflocken spielte. Lillemor wärmte die Suppe auf und Staffan ließ an seiner Mimik erkennen, dass es ihm schmeckte. Die Huskys zogen es vor, im Freien zu bleiben, denn das offene Kaminfeuer in Staffans Wohnküche liebten sie nicht so sehr. Mascha und Athaba lieben Kälte und Schnee, deshalb fühlen sie sich besonders im Norden artgerecht gehalten. Nach dem Essen setzte sich Staffan in seinen Sessel und schaute dem Tanz der Schneeflocken von seinem Fenster aus zu. Nach einer Weile beschaulichen Nichtstuns sprach er: »Hier im Norden, wo der Schnee zu dieser beginnenden Frühlingszeit noch alles wohlbehütend bedeckt, mag man es kaum glauben, dass Mütterchen Erde erwacht und neu gebären will, was in der stillen, kalten und dunklen Zeit tief schlummernd in ihrem Schoß ruhte. Ich kann sie spüren, die Kraft des Aufbruchs in der Natur, Lillemor! Diese Kraft des Neubeginns ist allgegenwärtig, auch wenn der Schnee die Zeichen bedeckt. Das im Schoß der Mutter Erde Ruhende durchbricht die Erstarrung, drängt danach, sichtbar Form anzunehmen. Die inneren Kräfte drängen in das Außen, gleichsam einer fast erloschenen Glut, die nun durch Kraft zur lodernden Flamme wird. Lass uns für einen Moment in die Stille gehen und über diese Schwelle des Erwachens meditieren!«, sprach der alte Mann.

Lillemor liebte es, gemeinsam mit Staffan innezuhalten, zu erspüren und das Bewusstsein weit werden zu lassen. Sie verstand sehr wohl, was Staffan zum Ausdruck bringen wollte. Der ewige Kreis-

lauf des Lebens schließt sich, um sich zugleich wieder zu öffnen. Dieses Erwachen ist beeindruckend kraftvoll.
Staffan kam aus seiner meditativen Versenkung zurück und sprach: »Wir Menschen sind ein Teil der Weltenseele, des Seelenraumes. Wir sind ein Teil der Natur und die Natur ist ein Teil von uns. Alles ist in allem enthalten. Es gibt keine Trennung, alles fließt ineinander über. So ist das Gesetz! Die Kräfte des Seelenraumes wirken auch in uns. Das müssen wir verstehen. Unsere Wesenskräfte spiegeln sich in den Urprinzipien, die der Tierkreis beschreibt. Diese Urkräfte wirken auf allen Ebenen der göttlichen Schöpfung, somit auch in uns Menschen. Diese Kräfte wirken polar. Im Laufe unserer Existenzen lernen wir diese kosmischen Kräfte kennen, werden mit ihnen vertraut, sollen lernen mit ihnen in ihrer polaren Auswirkung umzugehen. Diese polare Ausrichtung als Ausdruck der Schwingung des Lebens anzunehmen und in das Bewusstsein zu integrieren fällt uns Menschen sehr schwer. Das Leben als Schwingung von einem Pol zum anderen zu begreifen, fällt zwar verstandesmäßig relativ leicht, aber auf der emotionalen Ebene es anzunehmen, eben nicht.
Doch gerade in diesem ganzheitlichen Verstehen liegt der Schlüssel zur Freiheit, die uns zurück zu unserer Quelle, zurück zu Gott führt.
Das Leben schwingt von Pol zu Pol und erzeugt damit zugleich stets einen Ausgleich. Lasse ich mich auf die Schwingung des Lebens ein, bin ich in Harmonie. Ich bin es nicht, wenn ich gegen diese Bewegung des Lebens ankämpfe. Ja, ja, Lillemor. Ich weiß, es sagt sich so leicht und doch ist es die Wahrheit.
Wenn man die Heilung der Seele tiefer verstehen will, kommt man an dem Polaritätsgesetz nicht vorbei. Die in uns wirkenden geistig-seelischen Kräfte sind logischerweise ebenfalls polar ausgerichtet. Das bedeutet: Es gibt sowohl einen positiven als auch einen negativen Ausdruck. Der Umgang mit unseren Wesenskräf-

ten ist kein leichter und es ist ein weiter Weg, die Mitte der Polarität zu erreichen, die Ziel der Entwicklung ist. Ja, diese Kraft des Aufbruchs tragen auch wir Menschen in uns. Ja zu sagen zu unserem Leben! Das ist großartig, Lillemor! Unseren Platz in der Welt zu suchen und zu finden, kann doch eine spannende Aufgabe sein. Wir Menschen sind eingebunden in jene Kraft, die uns befähigt, uns auf das Leben einzulassen und das Schicksal zu meistern.
Diese Kraft des Aufbruchs ist feurig, wild, enthusiastisch und drängt hinaus in die Erfahrungswelt, will den Lebenskampf aufnehmen, allen Widerständen trotzen und Hindernisse überwinden. Sie ist Willenskraft pur, lässt uns zu einem marsischen Krieger werden und durch mutiges Handeln alle Herausforderungen des Lebens meistern. Diese Kraft setzt auf volles Risiko und strebt mit Leidenschaft und großer Dynamik nach den Abenteuern des Lebens. Große Begeisterung ist ihr Gesell, die uns Menschen mit Pioniergeist erfüllt, zu neuen Ufern streben und den selbstverständlichen Sieg verheißen lässt. Diese Lebenskraft zielt ohne Frage schlichtweg auf Durchsetzung und gleicht einem kämpferischen Naturell. Der Wille zu leben bringt uns ins Dasein und hilft uns im Leben unseren Platz zu finden und uns zu behaupten. Ein wesentlicher Aspekt dieser Kraft ist das Tun und die damit verbundene Fähigkeit zu handeln und so dem Willen zu leben einen konkreten, lebendigen Ausdruck zu verleihen.
Die Geist-Seele, vorher ruhend in den geistigen Welten, still im Verborgenen den Schicksalsplan webend, steht in der menschlichen Form mit der Geburt, wie die Natur zu Frühlingsbeginn, an der Schwelle zu neuem Erwachen und ist bereit, für einen neuen Zyklus im ewigen Kreislauf des Lebens.«
Staffan hielt inne, es hatte sich im Raum merklich abgekühlt und es war höchste Zeit, wieder Birkenholz nachzulegen.«
»Lass mich Tee kochen«, sagte Lillemor. »Du hast dir eine Pause verdient.«

Erfreut stimmte ihr Staffan zu. Er setzte sich wieder in seinen Sessel, schaute aus dem Fenster und sah den beiden Hunden bei ihrem Spiel zu. Das Kaminfeuer erwärmte alsbald wieder den kleinen Raum und kurze Zeit später servierte Lillemor Tee und überraschte Staffan mit selbst gebackenem Früchtekuchen. Beide ließen es sich schmecken und fühlten sich sehr wohl in der gemütlichen Stube.
»Staffan«, sprach Lillemor, »ich habe noch gut zwei Stunden Zeit und ich würde mich gern mit dir weiter unterhalten.«
»Nicht so ungeduldig, Lillemor. Du sagtest, ich hätte eine Pause verdient, nun gönn sie mir auch.«
Lillemor bemerkte, dass sie ungeduldig war. Staffan hatte recht. Sie hatte doch noch Zeit und konnte ihrem alten Freund wirklich eine Ruhestunde zubilligen. Doch nach einer Weile sprach er wieder mit seiner ruhigen, angenehmen Stimme, die Lillemor so sehr liebte.
»Findet diese Kraft ihren positiven Ausdruck, dann nehmen wir Menschen mutig und offensiv die Lebensaufgaben an und bewältigen konstruktiv Konflikte. In unserem Handeln erkennen wir einen tieferen Sinn und mit gesunder Aggression behaupten und wehren wir uns. Mit Überzeugung, oft sogar mit beeindruckendem Pioniergeist gepaart, bringen wir uns in unsere Aufgaben ein, die für uns eine Herzenssache sind. Ja, das Leben ist ein großes Abenteuer und mit Enthusiasmus und Selbstvertrauen sind wir bereit, dieses zu wagen. Unsere große Kraft zu spüren, erfüllt uns mit Freude. Doch nicht immer fließt die Willenskraft in dieser Qualität. Für uns Menschen gibt es so manche Schwierigkeit.
Willens- und Durchsetzungskraft hat mit Aggression zu tun, denn eine gesunde Selbstbehauptung setzt einen gesunden Ausdruck an aggressiver Energie voraus. Leider reagieren viele Menschen zu unbeherrscht, wollen mit dem Kopf durch die Wand, haben keineswegs ihre Aggression unter Kontrolle. Oftmals sind Wut

und Zorn negative Begleiter ihres Tuns. Dickköpfigkeit, Engstirnigkeit und Verbohrtheit machen nicht nur dem Betreffenden selbst das Leben schwer, sondern auch das der Mitmenschen. Egoistisches Durchsetzen des eigenen Willens, eigener Bedürfnisse und Wünsche ohne Rücksichtnahme auf das Empfinden anderer lässt wohl kaum auf einen positiven Ausdruck der Kraft schließen. Die Devise vieler Menschen lautet: Siegen um jeden Preis, egal welche Verluste in Kauf genommen werden müssen. Diese Menschen gehen als Krieger durch das Leben. Das ungestüme Energiepotenzial wird zügellos für die Durchsetzung egoistischer Ziele eingesetzt.
Es ist wohl unschwer zu erkennen, dass die Umwelt das nicht passend findet und mit Widerstand darauf reagieren wird. Der Konflikt ist programmiert, denn Harmonie ist hier ein Fremdwort.«
Lillemor entgegnete: »Es gibt Menschen, die wissen nicht wohin mit ihrer Kraft. Staffan, du sagtest ja, diese Kraft drängt von innen nach außen.«
»Du sprichst einen wichtigen Punkt an, Lillemor. Dieses ungestüme Energiepotenzial braucht ein Ziel, muss sinnvoll ausgerichtet werden, ansonsten wirkt es negativ. Der Bereich des Sports ist ein wunderbares Betätigungsfeld, die Kraft in einem gesunden Wettstreit einzubringen, auszuleben und zu disziplinieren. Doch der entscheidende Faktor ist die Integration des Fehlenden, also des Gegenteils. Was fehlt einem Menschen, der nur auf die Durchsetzung des eigenen Willens bedacht ist?«
»Die Rücksichtnahme auf andere«, antwortete Lillemor.
»Das hast du richtig erkannt. Hier kommt die Polarität ins Spiel. Der Weg zu einem harmonischen Ausdruck einer Wesenskraft führt über die Integration des Gegenpols. Die Kraft nicht nur für sich selbst, sondern auch für andere Menschen und Lebewesen einsetzen, Zivilcourage zeigen und Schwächere beschützen ist der Weg, das Ungleichgewicht aufzulösen. Sich einzufühlen in

die Bedürfnisse und Gegebenheiten der Mitmenschen und Lebewesen, bedeutet bereit zu sein, sich an die Bedingungen der Umgebung anzupassen und damit das Resultat eigenen Handelns zu überdenken. Diese Anpassung muss gelernt werden und ist nicht leicht. Die Freisetzung der Energie ist der Ausdruck des kosmischen universellen Prinzips, sowohl in der Natur als auch im Menschen.«

»Besteht denn aber nicht die Gefahr, dass mit der sozialen Anpassung der Wille zur Durchsetzung eigener Ziele geschwächt wird?«, fragte Lillemor.

»Ideale und Ziele dürfen natürlich keineswegs verworfen werden«, so Staffans Antwort.

»Wenn Unternehmungen, Ziele, neue Aufbrüche, getragen vom Pioniergeist, erfolgreich werden sollen, müssen sie jedoch an vorherrschende Bedingungen angepasst werden, wenn sie nicht scheitern sollen. Der Sinn für Realität muss im Feuer unserer Begeisterung für neue Vorhaben mitschwingen.

Aber nicht nur Anpassung sollte gelernt werden, sondern auch die Balance von Aktivität und Passivität, ebenfalls ein Ausdruck der Polarität, beachtet werden. Es tut weder der Seele noch dem Körper gut, in einem Dauerzustand von Anspannung und vielleicht sogar Verkrampfung zu verharren. Auch das ist kein harmonischer Zustand, denn viel zu viel Lebensenergie wird vergeudet, wenn notwendige Erholungsphasen ignoriert werden. Leben ist Rhythmus, das will ich immer wieder betonen«, fügte Staffan hinzu.

»Ich glaube, es ist sehr schwer, schöpfungsgerecht mit unserer Willenskraft umzugehen«, entgegnete Lillemor.

»Wie meinst du das?« fragte Staffan.

Sie antwortete: »Mir sind Menschen begegnet, die sich in einem ständigen Lebenskampf befanden. Oft kämpfen sie verbittert um den eigenen Machtanspruch. Leidenschaftlich für diese Machtposition kämpfend, zerstören sie Strukturen und verletzen ihre

Mitmenschen, setzen alles auf eine Karte. Damit wird viel Leid und Schmerz ausgelöst.«
»Dieser Weg führt in eine Sackgasse, das eigene Aggressionspotenzial sollte klar erkannt werden«, antwortete Staffan.
»Ist es nicht sogar noch schwieriger, wenn es uns an Durchsetzungskraft mangelt?«, fragte Lillemor.
»Da hast du sicher recht«, antwortete der alte Mann und ergänzte: »Viele Menschen haben eine unbewusste Angst vor dem Leben. Sie sind willensschwach, es fehlt an geistiger Stärke und Mut. Du sprichst exakt den Gegenpol des ›Zuviel‹ an. Die Angst, das Leben mit seinen Herausforderungen nicht zu bestehen, kann viele Gesichter haben.«
Lillemor meinte: »Vielleicht ist es die Angst, Entscheidungen zu treffen und die Konsequenzen fehlgeschlagener Entscheidungen nicht tragen zu wollen. Vielleicht ist es auch die Angst vor Veränderung, vor Wandlung und den damit einhergehenden notwendigen Opfern, die man nicht bereit ist zu geben.«
»Angst, das ist uns doch beiden klar, Lillemor, befürwortet ein Ausweichen vor dem Bestehen im Leben und meidet die notwendige Auseinandersetzung. Wir Menschen müssen es lernen, uns der Konflikthaftigkeit des polaren Lebens zu stellen und daran zu wachsen. Verweigern wir uns, stehen nicht für uns selbst ein, öffnen wir das Tor für Fremdbestimmung. Dann entscheiden andere, das ist sicher nicht lustig. Aus diesem Irrweg muss man hinaus! Keinem anderen darf die Entscheidung für den eigenen Lebensweg zugemutet und aufgebürdet werden! Die Eigenverantwortung darf nicht abgegeben werden – das wäre nicht richtig! Die Willenskraft muss gestärkt werden, daran führt kein Weg vorbei. Indem man es lernt, Vorsätze auch wirklich umzusetzen, und das ruhig in kleinen Schritten, kann die Willenskraft gefestigt werden und das Selbstvertrauen in die eigene Kraft bekommt eine gute Basis.«

»Andererseits, lieber Staffan, gibt es doch auch Menschen, die Angst vor ihrer großen Kraft haben, oder wenn du so willst, vor ihrer Aggression.«
Staffan sprach: »Hier muss ohne Frage den blockierten Energien wieder zu einem freien Ausdruck verholfen werden. Die nicht gelebte, unterdrückte Aggression könnte sich sonst auf der Ebene des Körpers einen Weg des Ausdrucks suchen. Wenn der Körper stellvertretend die auf der seelischen Ebene nicht gelebte Aggression auslebt, kann das zu problematischen aggressiven Krankheiten führen. Unterdrückte aggressive Energien sind selbstzerstörerische Kräfte und müssen im Bewusstsein erkannt und in schöpferische Bahnen gelenkt werden. Für jeden Menschen gibt es schöpferische Aufgaben, die zu einer Sache des Herzens werden können.«
»Hier zeigt sich wieder sehr deutlich, lieber Staffan, dass eine offensive Auseinandersetzung mit dem Verdrängten, dem Schatten, der unausweichliche Weg ist, um zu Selbstbestimmung zu finden. Die eigene Unterdrückung muss erkannt, angenommen und ein geeigneter Weg gefunden werden, um die eigene Aggression erst einmal wieder spüren zu können. Kampfkunst wäre sicher ein guter Weg, Freude an einer gesunden Aggression zu entdecken. Viele Menschen, lieber Staffan, befinden sich auch in einem langwierigen, nicht enden wollenden Konflikt. Unbereinigte Lebenssituationen lassen auch die Willenskraft lähmen. Oft werden Kompromisse eingegangen, die nicht wirklich die Spannung nehmen. Dem Konflikt sollte man mutig ins Auge schauen, nicht länger wegsehen und feige sein. Von dem Bedrückenden muss man sich befreien, ansonsten reagiert die belastete Seele über den Körper, um sich Gehör zu verschaffen.«
»Vielleicht sollte der Pfad des Lebens verlassen werden, weil ein neuer Weg zu neuen Ufern führt«, entgegnetet Staffan. Und er sprach: »Wenn Lebenssituationen drohen zu erstarren, sollte man

bereit sein für den ersten notwendigen Schritt und aus dem Teufelskreis der die Lebendigkeit erstickenden Gewohnheiten ausbrechen. Wir sollten bereit sein, eine Entscheidung zu treffen, die eine Veränderung, einen Ausbruch, einen Neubeginn zur Folge hat. Diese Entscheidung sollte in dem Bewusstsein getroffen werden, dass in dieser Situation des Lebens diese als gut und richtig befunden wurde, denn das bewahrt uns davor, später mit unseren Entscheidungen zu hadern.

Lass uns, liebe Lillemor, an dem heutigen Tag bereit sein für einen Neubeginn in unserem Leben, das noch so viel für uns bereithält, wenn wir diesem selbst mit Freude begegnen und einem Bewusstsein für diese grandiose Kraft des Willens, die am Ende unserer spirituellen Entwicklung uns befähigt, den höheren Willen, den göttlichen Willen unseres Schöpfers, in der Welt, in der wir leben, zu verwirklichen.«

2. Kapitel

Die Kraft des In-Besitz-Nehmens

Längst hatte die Sonne die Hälfte ihres jährlichen Aufstiegs zurückgelegt und die vitalen Kräfte der Natur hatten ihre Saat aufgehen lassen. Was im März noch Hoffnungsschimmer war, wurde nun zur Gewissheit. Die große Offenbarung von Mütterchen Natur versetzt die Menschen jedes Jahr neu in ehrfürchtiges Erstaunen. Im Mai beginnt in Lappland das Eis auf den Flüssen und Seen zu tauen.

Der Schnee verabschiedet sich nun von den Menschen im hohen Norden und das Schmelzwasser rinnt in unzähligen kleinen Rinnsalen und Bächen zu den Flüssen. Anfang April kehren die Kraniche zurück, die Glück verheißenden Frühlingsboten.

Die Kraft der Sonne hatte erstaunlich zugenommen und in den Nächten war es bereits hell.

Der Frühling hatte in Allavaare Einzug gehalten und die Natur verkündete, dass sie nach einem langen besinnlichen Winterschlaf erwacht war und nun mit Heiterkeit und Fröhlichkeit den Reigen des Jahreskreises tanzen wollte. Welche Pracht konnte nun das menschliche Auge erschauen. Die nun frühlingshafte Natur wartete mit goldgelben Farben auf. An der Feier des Frühlingseinzugs nahmen elfenhafte Schlüsselblumen teil, deren filigrane Köpfchen ein sanfter Wind wiegte, gelbe Osterglocken mit magischem Glockengeläut und lavendelblaue Krokusse, zarten Duft verströmend.

Die Birken präsentierten ihr neues, erfrischend grünes Blätterkleid. Die Natur malte die lappländische Landschaft grün in allen Schattierungen, die von der heiteren Leuchtkraft der gelb blühenden Frühlingsblüher zu einer zauberhaften Sinfonie wurde.

Lillemor schaute aus ihrem Fenster und betrachtete die Rasenfläche, die sie im letzten Herbst mit Narzissenzwiebeln bepflanzt hatte. Der goldengelbe Farbenrausch der nun blühenden Blumen bildete einen wunderschönen Kontrast zum saftigen Wiesengrün. Welch optimistische Stimmung vermittelte dieser Anblick! Auf dem Rasen vor dem Eingangsbereich ihres Hauses wogte ein Blütenmeer aus himmelblauen Vergissmeinnicht und der immergrüne Blattschmuck der Bergenien mit ihren purpurvioletten Kerzen, eine Birke umsäumend, war beschaulich anzusehen. In der Rabatte vor dem Küchenfenster schienen leuchtend orangefarbene Stiefmütterchen und tiefblaue Traubenhyazinthen einem Rausch sinnlicher Freude verfallen zu sein. Das Telefon klingelte. Es war Staffan.

»Hej Lillemor, lass uns morgen nach Kultsjödalen fahren. Ich will dir die Perle Südlapplands zeigen. Mich sehnt es, diese schöne Landschaft zu erblicken, und ich würde mich freuen, wenn du mich begleitest. Morgen in aller Früh hole ich dich ab, wenn du magst.«

»Das kommt für mich zwar überraschend, doch selbstverständlich nehme ich deine Einladung an, Staffan. Ich freue mich!«, antwortete Lillemor.

»Na wunderbar! Dann sehen wir uns morgen um halb sieben.«

Am nächsten Tag stand Lillemor um 5.00 Uhr auf, denn sie wollte Proviant vorbereiten und sich dafür genug Zeit nehmen. Auch ein Frühstück ohne Hast war ihr wichtig. Pünktlich zur verabredeten Zeit kam Staffan vorgefahren. Nun konnte der Tagesausflug beginnen.

Die Morgenstimmung in der Natur ließ einen wunderschönen Frühlingstag erahnen. Lillemor und Staffan waren voller Vorfreude und die Fahrt ins südliche Lappland konnte beginnen. Auf dem Wildmarksweg passierten sie 5 km vor ihrem Ziel den »Treppenwasserfall«, bei dem das Wasser des Kultsjö (Kultsee) in

beeindruckenden Kaskaden stufenförmig hinunterbrauste. Die beiden machten Rast, um sich an diesem Naturschauspiel zu erfreuen.
»Schau nur, Lillemor! Diese Lebendigkeit! Dieser Übermut! Ja, das Wasser weiß, wohin es will. Nichts kann es aufhalten, unbeirrbar nimmt es seinen ihm vorbestimmten Lauf. Diesen überwältigenden Anblick muss man genießen, Lillemor! Schau in dieses wilde und schöne Angesicht des Elements! Ist es nicht erhebend?«
»Ja, Staffan, das ist es.« In diesem Moment erfüllte Lillemor Dankbarkeit, denn sie besaß ebenso wie Staffan dieses Feingefühl für das Erhabene, Schöne, Lyrische, Mystische und sah das Göttliche in allem. Leider spüren sich viele Menschen nur noch, wenn sie Schrilles, Lautes, Grobes, Gefahrvolles und Düsteres erleben, scheinen die Sehnsucht nach dem Schönen vergraben zu haben. Ja, sie konnte sich an den Farben, den Düften, den Klängen und an den mannigfachen Formen der Natur erfreuen.
»Die Natur gehört uns allen«, sagte Staffan. »Wir sind Bürger dieses wunderschönen Planeten! Wie viele Menschen sehen nicht mehr die einzigartige vollkommene Schönheit unserer Heimat, der Erde. Wie viele sind in ihrem Herzen erstarrt, wenden sich den leblosen Dingen zu, verschließen sich dem wahrhaft Lebendigen!«
Nach einer Weile meinte Staffan, dass es Zeit sei, weiterzufahren. Schon nach wenigen Minuten erreichten sie Kultsjödalen, das schönste Bergtal Schwedens. Das Gebirgsdorf Saxnäs liegt im Herzen dieser grandiosen Wasser- und Gebirgslandschaft. Der idyllische große See mit seinem türkisblauen Wasser wurde auf der nördlichen Seite von den majestätischen, zu dieser Jahreszeit noch schneebedeckten Gipfeln des Marsfjäll überragt. Lillemor verliebte sich sofort in diese Landschaft, deren erhabene Schönheit mit einem Blick nicht zu erfassen war.

»Komm, Lillemor! Lass uns auf den Middagskullen hinaufsteigen«, schlug Staffan vor. Von dieser Erhebung aus werden wir eine fantastische Aussicht auf das Hochgebirgstal haben. Diesem Vorschlag stimmte Lillemor freudig zu. Der Ausblick auf das Tal war überwältigend.

Mit allen Sinnen wollte sich Lillemor nun dem Hier und Jetzt hingeben.

Die beiden suchten sich einen geeigneten Platz, von dem sie die zauberhafte Landschaft erschauen konnten. Das Licht der Mittagssonne tauchte die sie umgebenden Naturwelten in einen magischen Schimmer. An diesem Platz fiel es den beiden ganz leicht, einfach nur zu sein.

Aus der meditativen Hingabe zurückkehrend, aßen sie nun, da sie hungrig waren, belegte Brote und tranken Kaffee. Und dann sprach Staffan: »Die Trägheit des Vergangenen und Ruhenden ist durchbrochen und die große Kraft des Lebens hat das Wirken des Neubeginns vollendet. Der Wille der Natur, zur Tagundnachtgleiche im Frühling zu erwachen, ist nun zur sichtbaren Form geworden. Nun nimmt die Natur kraftvoll Mütterchen Erde in Besitz. Die Pflanzen nähren sich am Reichtum der Erde. Sie verwurzeln, schaffen sich Raum, bewahren und konsolidieren die Kraft, die sie ins Sein gebracht hat. Schau dir dieses wunderbare Bild der Schöpfung an, Lillemor! Welch grandiose Gestaltungskräfte stehen dahinter! Ja, die Gottheit spürt sich in der Schöpfung der Farben, Düfte, Klänge, Elemente und Formen. Ein wahres Feuerwerk für die Sinne wurde da ersonnen! Lass uns teilhaben an diesem Fest des schöpferischen Wirkens des Frühlings! Welch ein Gesundbrunnen für die Seele!«

Staffans Augen versprühten einen Glanz, der Lillemor tief berührte. Seine Augen waren ein reiner Spiegel seiner Seele. Und sie fragte ihren alten Freund: »Staffan, du hast soeben davon gesprochen, dass die Pflanzen die Erde in Besitz nehmen. Wir Menschen tun das doch auch im weitesten Sinne.« Staffan antwortete: »Ja, wir Menschen müssen uns auf die materielle Welt ausrichten. Verwurzelung und materielle Sicherheit sind zutiefst menschliche Bedürfnisse. Der Aufbau einer materiell sichernden Struktur gehört zu unseren wichtigen Aufgaben. Darin werden wir alle gefordert. Bei dieser notwendigen materiellen Absicherung unseres Lebens verlassen wir uns auf unsere praktischen Fähigkeiten und unsere Sinnesorgane. Unsere mitgebrachten Talente und Begabungen können wir für diese grundlegende Aufgabe hervorragend nutzen. Mit Fleiß, Beharrlichkeit, gesundem Realitätssinn und dem konzentrierten Einsatz unserer Kräfte können wir grundsätzlich unser Leben auf eine materiell sichernde Basis stellen. Ohne Frage! Die materielle Lebenssicherung hat ihren berechtigten und notwendigen Platz! Sie verschafft uns Stabilität, Verwurzelung und Ruhe.«

»Laufen wir nicht Gefahr, von der Materie in Besitz genommen zu werden?« Diese Frage hatte Lillemor ebenfalls auf dem Herzen.

Und Staffan gab folgende Antwort: »Nun, die Falle für uns Menschen ist die, zu glauben, dass allein materieller Wohlstand Sicherheit im Leben gibt. In diesem Glauben opfern Menschen ihre Lebenskraft, bemühen sich rastlos den materiellen Besitz zu mehren, fühlen sich als Getriebene, um die vermeintliche Sicherheit zu festigen und zu kontrollieren. Nun, liebe Lillemor, ich sprach sehr wohl davon, dass materielle Werte uns verwurzeln und Sicherheit geben. Doch in der polaren Welt, in der wir leben, hat alles einen Anfang und ein Ende. Manchmal glauben wir vielleicht, mit Reichtum dem polar ausgerichteten Leben ein Schnäppchen schlagen zu können, aber gegen ein göttliches Gesetz kommt man nicht an, kann man nur verlieren. In der materiellen Welt werden wir unweigerlich mit der Polarität konfrontiert. Der eine Pol ist das ›Haben‹, der andere Pol ist das ›Nichthaben‹ oder wenn du

willst, der Verlust. So einfach ist das. Haben und Nichthaben sind gleichwertig, da sie Ausdrucksformen des schwingenden Lebens sind.
Doch diese Gleichwertigkeit zu verstehen, fällt uns Menschen schwer. So werden wir mit der Konfrontation des »Nichthaben« damit konfrontiert, dass materielle Güter vergänglich sind und wie alles in der manifestierten Schöpfung einen Anfang und ein Ende hat. Nun müssen wir lernen, uns mit Verlusterfahrungen auseinanderzusetzen und den Abstieg in das Dunkle wagen. Schmerzhaft konfrontiert uns das Schicksal mit der Vergänglichkeit und die mit allein materiellen Werten geglaubte Sicherheit zu erreichen, löst sich wie Nebel auf. Das ist nicht leicht für uns, dennoch notwendig, weil blockierte und fixierte Einstellungen dem freien Fluss des Lebens entgegenwirken.
Da das Schicksal um Ausgleich bemüht ist, wenn die Harmonie ins Wanken geraten ist, sind Verlusterfahrungen unausweichlich, um eine Korrektur in unserem Bewusstsein zu ermöglichen. Nicht der Besitz selbst ist hier die Quelle des Leidens. Nein! Es ist unsere Verhaftung, die falsche Einstellung und die damit verbundene Abhängigkeit von materiellen Werten, die uns unfrei macht.
Ganz allgemein gibt es in unserem menschlichen Leben Zeiten, in denen wir uns dem ›Loslassen‹ und dem ›Hergeben‹ stellen müssen.
Es ist sehr schmerzhaft, wenn wir etwas verlieren, das uns lieb und teuer ist. Diese Lebensphasen gehören zu unserem Leben und wir müssen lernen, sie anzunehmen. Ist die Bindung an das, was verloren gegangen ist, zu stark, dann leidet unsere Seele. So müssen wir Menschen gemäß diesem höheren Gesetz auch mit Verlusten hinsichtlich des Geldes und anderweitiger materieller Güter lernen umzugehen. Jede zu starke Fixierung und Bindung an materielle Werte behindert unsere seelische Entwicklung. Das starke Verlangen unserer nach materieller Sicherheit strebenden

Wunschnatur darf nicht einseitig werden und uns beherrschen. Der spirituelle Weg besteht darin, in keiner Polarität verhaftet zu sein und im eigenen tiefen Wesen jenen Punkt der Stille zu erreichen, an dem wir frei von Verlangen sind. Die gesunde Mitte erreichen wir, wenn eine Harmonie von materieller und geistiger Sicherheit erreicht ist.
Schicksalhafte Verlusterfahrungen, so schwer sie auch sein mögen, sind letztendlich auch eine Chance, uns für das Höhere, über allem Stehende zu öffnen. Dann können wir das Reich des Geistes betreten, das eigene Wesen neu entdecken und uns vom Geist tragen lassen, um mit der segensreichen Erkenntnis beschenkt zu werden, dass die Schöpfung für uns sorgt und uns trägt. Wahre Freiheit, meine liebe Lillemor, liegt nämlich außerhalb von Armut und Reichtum.«
Lillemor fragte Staffan, wie er in Harmonie mit den Polaritäten gekommen ist, und der weise alte Schwede antwortete ihr: »In der Bibel heißt es: ›Auch jeder Mensch, dem Gott Reichtum und Güter gegeben und den er ermächtigt hat, davon zu genießen und seinen Teil zu nehmen und sich bei seiner Mühe zu freuen – das ist eine Gabe Gottes‹ (Prediger 5, 18–19).
In diesen Bibelworten wird ganz klar die Freude angesprochen. Was nützen uns materielle Besitztümer, wenn wir diese nicht genießen können? Nun, ich für meine Person halte mich an die alten Prediger. Mit dem, was ich besitze, lebe ich in freudiger Stimmung, bin mir aber auch bewusst, dass mein Glück nicht von diesen materiellen Werten abhängt. Ich fühle mich mit der ganzen Schöpfung verbunden und das macht mich reich. Als Mitbürger dieses Planeten bin ich doch wahrlich reich gesegnet mit der Fülle der herrlichen Natur. So kann ich mich an allem ohne Bürde freuen, was das Leben an Gaben für mich bereithält, kann diese aber auch zur rechten Zeit, wenn es notwendig wird, wieder loslassen. Materieller Besitz kann mich nicht mehr versklaven. Nichts

gehört uns doch wirklich! Es ist das Bewusstsein, etwas besitzen zu müssen, das uns einengt und unfrei macht. Materielle Werte nehmen wir erst dann wirklich in Besitz, wenn wir sie als Quelle und Basis nutzen, die Aufgaben des Lebens zu meistern und um unser schöpferisches Potenzial zu verwirklichen. Vielmehr ist es doch wichtig, die tiefere Bedeutung unserer Talente, Begabungen und unseres Besitzstandes zu ergründen. Wir sind doch nun wahrlich nicht in dieses Leben gekommen, um ein rein vegetatives Leben zu führen! Nein! Wir Menschen sollten uns über diese Stufe erheben! Auf uns alle warten höhere, edlere Aufgaben und Ziele, die auf der Basis einer materiellen Absicherung und mit der Gabe unserer Talente und Begabungen sehnsuchtsvoll darauf warten, erfüllt zu werden. Talente und Begabungen sind das Erbe unserer eigenen tiefen und alten Vergangenheit. Sie dürfen nicht verkümmern. Sie wollen ebenfalls neu geboren werden, um uns mit neuen Lebenserfahrungen zu beschenken.«

3. Kapitel

Das Verlangen nach Austausch

Mittsommer in Lappland – bis Ende Juli scheint die Mitternachtssonne rund um die Uhr. Das Licht ist zurückgekehrt und es erweckt den Eindruck, als möchte es in diesem Zustand für immer verweilen. Das wechselnde Lichtspiel draußen in der Natur ist so stimmungsvoll, dass es einem schwerfällt, schlafen zu gehen. In Lillemors Grund hatte die Natur einen dicken Teppich aus blühenden Moosen ausgelegt. Moose sind Pionierpflanzen, die zumeist Baumstämme und Steine besiedeln, doch in Lappland finden sie aufgrund des hohen Grundwasserspiegels ideale Bedingungen für üppiges Wachstum. Die blumigen Matten auf der großen Lichtung unweit ihres Hauses zeugten von dem floralen Reichtum der Sommerzeit, die in wenigen Tagen beginnen sollte. Auch im Sommer, der Zeit des ewigen Lichts, stellte die Natur für Lillemor einen Ort des besinnlichen Rückzugs dar, war für sie, wie zu allen anderen Jahreszeiten, eine Quelle der Kraft und Inspiration. Bald ist Mittsommer! Dieser Tag des höchsten Sonnenstandes wird traditionell in Schweden gefeiert. Das beliebte Sommerfest wollte sie in diesem Jahr in Fatmomakke feiern. Ob Staffan sie wohl begleiten würde? Sie wünschte es sich sehr. Seit ihrem letzten Ausflug nach Kultsjödalen hatte sie ihren alten Freund nicht mehr gesehen und sie kam nicht umhin sich einzugestehen, dass sie ihn vermisste.
Dieses Mal überraschte sie Staffan mit ihrem Vorschlag. Er freute sich sehr. Und so machten sie sich am Tag der Sommersonnenwende auf nach Fatmomakke.
Zu Mittsommer strömen aus allen Teilen des Landes die Menschen hierher, um an dieser ehrwürdigen Stätte das große Fest des

Sommers zu feiern. Fatmomakke ist seit Jahrhunderten ein traditioneller Treffpunkt der Samen. Hier kreuzten sich einst die Wege der nordeuropäischen Nomaden, als sie mit ihren Rentieren von den Sommerweiden zu den Winterweiden wanderten. Ende des 18. Jahrhunderts wurde eine Kapelle gebaut und so wurde der natürliche Platz in der Wildnis von einem geistigen Hauch umhüllt. Mit der Zeit wuchs die Zahl der missionierten, mittlerweile protestantischen samischen Menschen und die kleine Kapelle wurde durch den Bau einer größeren Kirche ersetzt.
Die Menschen trafen sich, um gemeinsam den Gottesdienst und Hochzeiten zu feiern, sie kamen aber auch, um Waren auszutauschen und Geschichten zu erzählen.
Heute ist Fatmomakke immer noch ein bedeutender Treffpunkt, der den Geist der alten Zeit ausstrahlt, nicht zuletzt durch die über hundert samischen Hütten, die das einzigartige Flair mit bestimmen.
Die Fahrt nach Fatmomakke führte sie wieder nach Südlappland, vorbei an brausenden Flüssen, reißenden Gebirgsbächen und stillen Waldseen.
Und Staffan erzählte: »In Schweden gibt es 51 samische Dörfer. Die samischen Gruppen unterscheiden sich hinsichtlich ihrer Sprache und Trachten. Das samische Volk kennt acht Jahreszeiten, denn ihr naturnaher Lebensstil und ihre Arbeit hängen weitgehend von den Wetterbedingungen und dem damit verbundenen Verhalten der Rentiere ab. Das Wetter bestimmt in einem entscheidenden Maße das Alltagsleben der nordischen Urbevölkerung. So ist es für uns erstaunlich, mit welcher Wortvielfalt die Natur beschrieben wird.
Mehr als 50 Wörter beschreiben beispielsweise den Charakter des Schnees. Die Rentiere halten sich im Winter im waldigen Gelände auf. Im Frühjahr jedoch wandern sie in nordwestlicher Richtung hinauf zu den fruchtbaren Tälern der schwedischen Berge, den Fjälls. Kennst du die Ursage von Lappland, Lillemor?«

»Nein, Staffan. Bitte erzähl sie mir!«
»Vor langer, langer Zeit glaubten die samischen Menschen, dass ein Gott, den sie Jubmel nannten, ihr Land erschaffen hatte. Jubmel war der Vornehmste unter der Götterschar und schuf ein wunderbares Land, in dem es sich gut leben ließ. In diesem Land beschenkte Jubmel die Menschen mit Gold und Silber, dichten Wäldern, Rentieren, Flüssen und Seen, die mit einem reichlichen Fischbestand gesegnet waren. Die Samen verstanden sich als Söhne und Töchter der Sonne und des Windes. Zu jeder Zeit haben sie sich Geschichten erzählt. Sie tun es noch heute, wie du es selbst an diesem Tag in Fatmomakke erfahren kannst.
Am offenen Feuer, im Fischerboot oder an Winterabenden in der gemütlichen Kota erzählten sie sich ihre Geschichten, die in einer bildlichen Sprache die unsichtbare und ihnen vertraute Kraft beschrieb, die sie in sich fühlten. Das waren nicht nur unterhaltsame Geschichten, sondern auch sehr lehrreiche, besonders für die Kinder. Leider sind viele der alten samischen Sagen verloren gegangen. Aber die Geschichtenerzähler, die gibt es noch immer.«
In Fatmomakke angekommen, vernahmen sie einen samischen Jojk. In einem Jojk besingen die samischen Menschen die Natur, sie berichten aber in diesem Gesang auch von ihrem Kummer, ihren Sorgen, ihrer Freude. Noch heute bezaubern die Jojksänger die Menschen mit ihrem Gesang, der seine Kraft wohl tief aus der Quelle des Göttlichen schöpft.
An mehreren Plätzen war die samische Flagge gehisst, deren Farben sich auch in den Trachten wiederfinden. Die Farbe rot symbolisiert das Feuer, grün die Natur, blau das Wasser und gelb die Sonne. In der Mitte der Flagge werden Sonne und Mond dargestellt.
Ein buntes Treiben erfüllte den Raum. Fröhliche und heitere Menschen tanzten um den festlich geschmückten Mittsommerbaum. Musikanten begleiteten sie bei ihrem traditionellen Tanz. Hier und da wurde geplaudert und auch das kulinarische Vergnügen

kam nicht zu kurz. Kaffee gab es reichlich, das ist so in Schweden. Diese beschwingte Ausgelassenheit war nicht zuletzt ein Ausdruck der Vorfreude auf den bevorstehenden Sommer, der in den arktischen Regionen zwar kurz, aber dafür sehr intensiv ist mit manchmal ungewöhnlich heißen Tagen.
Lillemor fragte sich insgeheim, wie lange es wohl Staffan unter so vielen Menschen aushalten würde. Sie wusste, er war eher der stille Mensch, der die Einsamkeit vorzog. Kaum hatte sie es gedacht, wartete Staffan mit einem Vorschlag auf. »Ach Lillemor, lass uns doch ein etwas ruhigeres Plätzchen aufsuchen.«
Lillemor konnte ein Schmunzeln nicht verbergen und Staffan zwinkerte ihr verschmitzt zu. Er hatte ja recht. Es ist erfreulich, für einige Stunden unter heiteren Menschen zu verweilen, es ist aber ebenso schön, abseits vom Trubel sich den Gedanken und Gefühlen hingeben zu können. So fanden die beiden sehr schnell einen Wanderpfad, der hinauf in die Berge führte. Eine kleine Anhöhe lud zum Bleiben ein und schenkte Lillemor und Staffan einen schönen Ausblick auf Fatmomakke und den See.
»Schau dir den Austrieb der Bäume an, Lillemor! Neue Triebe und Zweige wollen wachsen. Ja, die Pflanzenwelt dehnt sich aus. Es ist die Zeit, in der sie von dem äußeren Raum Besitz ergreift und Kräfte austauscht. Insekten werden über Botenstoffe angelockt und verhelfen der floralen Welt zur Befruchtung. Die Kontaktaufnahme mit der Umwelt ist nun zu einem unabdingbaren Faktor geworden, der Austausch von Tier- und Pflanzenwelt erfährt in diesen Wochen einen grandiosen Höhepunkt. Ja, die Natur kann ein wunderbarer Lehrmeister sein. Sie zeigt uns in beeindruckender Weise den Ausdruck von Beweglichkeit, Austausch und Anpassung. Folglich gibt es auch eine Entsprechung zur menschlichen Natur.«
»Ja, Staffan«, sagte Lillemor, »wir Menschen wollen doch auch mit unserer Umwelt in Kontakt treten und uns austauschen.«

Und Staffan fuhr fort: »Neugierde und Wissensdurst sind die Triebkräfte, die Welt, in der wir leben, verstehen zu wollen. Uns Menschen dürstet nach Kenntnis und wir wollen uns mit den vielfältigen Erscheinungen des Lebens auseinandersetzen. Mit Eifer stürzen wir uns in die auf uns wartende Erfahrungswelt hinein. Überall gibt es etwas zu entdecken und wir erkennen sehr schnell, dass jede Sache ihre zwei Seiten hat. In diesem Wissensdrang sind wir tolerant und legen uns ungern fest. Vordergründig geht es um die Aneignung von Kenntnissen, erst in einer weiteren Entsprechung einer Zeitqualität begegnen wir dem Erfassen von abstrakteren Zusammenhängen. Diese Neugier verhilft uns zu einem ausgezeichneten Allgemeinwissen.«

»Es geht doch aber auch um den Austausch von Information und Wissen«, ergänzte Lillemor.

»Selbstverständlich gebührt dem Austausch von Wissen den ihm zustehenden Platz!« Und Staffan erklärte weiter: »Zur Neugierde, alles über die Welt, die wir mit unseren Sinnesorganen erfassen, zu erfahren, gesellt sich natürlich das Bedürfnis, sich darüber auszutauschen. Mit diesem Bedürfnis nach Austausch suchen wir Kontakt zu anderen, möglichst vielen Menschen und Wissensplattformen. Der Welt begegnen wir auf dieser Ebene verstandesmäßig rational. Beleg- und beweisbare Fakten interessieren die Wissenschaften.«

»Dient uns nicht dieses praktische und rational fundierte Wissen hervorragend für unsere Alltagsbewältigung?«, fragte Lillemor.

»Du sprichst einen wichtigen Punkt an, Lillemor! Der Alltag hat in unserem Leben einen hohen Stellenwert, darüber sollten wir viel öfter einmal nachdenken. Wir brauchen einen logischen und rationalen Verstand. Mit dieser Kraft unseres Denkvermögens können wir unseren Alltag ordnen und die anstehenden Aufgaben mit lebenspraktischer Intelligenz lösen. Dem Alltag eine Struktur geben und ihn meistern, ist enorm wichtig, denn er ist eine gesun-

de Verankerung im materiellen Leben. Viele Menschen haben enorme Schwierigkeiten, ihren Alltag zu gestalten und sich auszutauschen, zu kommunizieren.
Austausch bedeutet sich verbal oder nonverbal mitzuteilen.«
»Worauf willst du hinaus, Staffan?«, fragte Lillemor.
»Nun, ich will sagen, dass dem gesprochenen Wort eine große Bedeutung zukommt. Es gibt verschiedene Ebenen des Ausdrucks.«
»Was meinst du damit?«, fragte sie weiter.
Staffan hielt für einen Moment inne und sagte: »Der Drang, sich auszutauschen, berührt auf einer niedrigen Stufe oberflächliche Neugier, flatterhafte Geschwätzigkeit, kurzum: Klatsch, der für viele Menschen ein Elixier des Lebens ist. Doch ich will nicht werten, diese Stufe gehört eben auch zum menschlichen Entwicklungsprozess. Es ist ein weiter Weg, um aus einem Munde Worte der Weisheit zu vernehmen. Doch wichtig ist vor allem Folgendes: Verharren wir Menschen auf der Ebene des logischen und rationalen Verstehens und verschließen uns dem Abstrakten, sind wir nicht in Harmonie mit dem Leben. Hier greift das Polaritätsgesetz mit den Polen ›rationales Verstehen‹ und ›abstraktes Verstehen‹.
Menschen, die dem Leben grundsätzlich und ausschließlich auf der Grundlage rational und beweisbarer Fakten begegnen, lehnen religiöse Anschauungen, die in ihrem tiefen spirituellen Kern sehr abstrakt sind, ab. Doch genau an diesem Punkt kommt die Polarität ins Spiel: Es gilt das Gesetz: Sowohl-als-auch. Kannst du dich erinnern, Lillemor? Als ich dir das Wesen der menschlichen Natur erklärte, sprach ich davon, dass die mentale Seele, die als Träger unseres Intellekts uns befähigt, die alltäglichen Aufgaben zu lösen, sich der höheren Weisheit öffnen soll, damit unsere Gedanken, die unseren Handlungen vorausgehen, von dieser durchdrungen werden. Genau diese Annäherung bringt das Polaritätsgesetz ebenfalls zum Ausdruck.

Pol eins ist das logische und rationale Verstehen. Pol zwei ist das abstrakte höhere Verstehen der universellen Weisheit. Erst wenn wir bereit sind, unsere Vorurteile gegenüber aus der Sicht der Wissenschaft nicht beweisbaren Dinge fallen zu lassen, öffnen wir eine Tür für eine Annäherung an religionsphilosophisches Wissen, das in seiner Tiefe intuitives Wissen ist.«

»Ich habe folgende Erfahrung gemacht, lieber Staffan. In der Auseinandersetzung und Aneignung universellen Wissens war ich bemüht, dieses in mein Leben zu integrieren. Das hat meine Lebensauffassung, meine Art zu leben und meine Lebensausrichtung verändert. Die Folge war, dass ich sehr schnell vonseiten meiner Umwelt in eine Außenseiterposition gebracht wurde. So manchem hämischen Lächeln bin ich ausgesetzt gewesen und oftmals tat es mir sehr weh.«

»Ach, meine Lillemor!«, sprach Staffan mit einem väterlichen Ausdruck in seiner Stimme. »Darüber solltest du doch inzwischen stehen! Sei doch mal ehrlich! Würdest du allen Ernstes auf deine heutige Bewusstseinsstufe verzichten und auf diese Stufe zurückkehren wollen?«

»Nein, ganz sicher nicht«, antwortete Lillemor.

»Habe Nachsicht mit diesen Menschen, wie wollen sie dich verstehen, wenn sie nie mit Spiritualität und innerlich erlebter Weisheit in Berührung gekommen sind! Sie können es nicht! Aber du hast dich berühren lassen, hast innere Gewissheit! Freue dich!

Zum menschlichen Entwicklungsweg gehört sowohl die Ausbildung eines logischen, rationalen Verstandes als auch die Ausbildung eines abstrakten Auffassungsvermögens. Erst wenn es gelingt, uns auf höheres Wissen zu orientieren, eben auch diese Polarität in unser Leben zu integrieren, erheben wir unser Alltagswissen auf eine neue Stufe. Weisheit wird aus Stille und Tiefe geboren.

Kosmische Intelligenz ist Weisheit. Lassen wir uns auf diese höhere Intelligenz ein und von ihr leiten, dann nehmen wir täglich an einem schöpferischen Prozess teil, der weit über den Horizont unseres Alltagsbewusstseins hinausragt und alle Bereiche des Lebens durchdringen kann. Auf dieser Bewusstseinsebene können wir Menschen zum wahren Vermittler, zum Götterboten zwischen Geist und Materie werden und unsere Kommunikation wird tief, rein und wahrhaftig sein.«

4. Kapitel

Sehnsucht nach Heimat und Geborgenheit

Triumphal mit einem Paukenschlag hielt der arktische Sommer Einzug und entfaltete ein Feuerwerk der Blüten. Ein Chor aus tirilierenden Vogelstimmen besang die Leichtigkeit des Seins in der Zeit der sommerlichen Wärme und des Lichts. Die nordischen Wälder luden zu berauschenden Spaziergängen ein und die mächtigen Flüsse und majestätischen Seen offenbarten dem Auge des Betrachters ihr klares Element, das Symbol des Lebens und der Reinheit ist. In der Zeit der hellen Nächte wartete die Natur mit praller Üppigkeit auf. Überall duftete es nach Sommer und die Wohlgerüche waren Balsam für die Seele.
Lillemor liebte es, in die Welt der Düfte einzutauchen und sich von dieser mystisch-märchenhaften Duftsinfonie verzaubern zu lassen. Jeden Morgen erfreute sie sich an ihren lebendig gewordenen Gartenträumen. Ihr Grund bot genügend Gestaltungsspielraum und so schuf sie sich Plätze, die ihre Sehnsucht nach Romantik, Farbenspiel und schlichter Schönheit zum Ausdruck brachten. Da gab es den kleinen Brunnen am Waldrand, dessen Einfassung aus Holz sie in einem frischen Grün gestrichen hatte. Auf dem Brunnenrand, der eine weiße Umrandung hatte, saßen zwei Enten aus Terrakottagestein. Vor dem Brunnen wuchs ein stattlicher lapislazuliblauer Rittersporn. Auf der rechten Seite leuchtete eine in pink-rosafarbener Blütenfülle stehende Zierjohannisbeere, die von weiß blühenden Lupinen umwachsen war. Nur wenige Meter entfernt lud eine Holzbank zum Verweilen ein. Ein kleiner Elfenjunge aus Stein, vor einer großen Baumwurzel sitzend, schmückte diesen lauschigen Sitzplatz. Farne und wild wachsende Minze ergänzten das wildromantische Ambiente. Von

diesem Platz aus konnte man die große Wiese hinter dem Haus erblicken, in deren Mitte eine Strauchrose wuchs, an deren überhängenden Trieben filigrane Blüten einen sanften Duft verströmten und einen wunderschönen Kontrast zum grünen Wiesengrund boten. In einem Halbbogen gepflanzte Traubenkirschen ergänzten das Bild in wohltuender Weise. Auf der Wiese vor ihrem Haus gab es eine kleine Wasserlandschaft mit heiterem Sprudelgesang. Frauenmantel mit limonengrünem Blütenflor säumten den Rand des Blumenareals. Kasteisernelken, Glockenblumen, kornblumenblau leuchtend, und blauvioletter Salbei boten ein Bild wie von einem Maler gemalt. Der in der Mitte stehende sibirische Apfelbaum, so schien es, wurde von diesem Farbenklang zärtlich berührt. Mit ihrem frischen Blattgrün und den aristokratischen gelben Blüten schmückten Rosen das kleine Saunahäuschen, das in seiner falunroten Farbe einen herrlichen Kontrast bildete. Balkonkästen mit weiß und rosa-pinkfarben blühenden Geranien zierten die kleinen weißen Sprossenfenster. Ein zauberhaftes Duftpotpourri verströmte in diesen Sommertagen der große Fliederbusch mit seinen langen lavendelfarbenen Blütenrispen. Dieser altehrwürdige, prächtige Gesell stand schon viele, viele Jahre auf dem Grund und bot nicht nur im Sommer ein sinnliches Erlebnis, sondern diente zugleich im Winter den Vögeln als Startbasis zum Anflug auf das große Vogelhaus. Vor dem Fliederbusch standen ein kleiner Tisch und Stühle, denn in der Morgensonne war hier ein schöner Platz, von dem man das Blütenmeer bewundern und dem Gesang des Wasserspiels lauschen konnte. Traumhaft schön und in großer Zahl wuchsen wild und erhaben an vielen Stellen des Naturareals blauer Eisenhut und das für den Norden so typische rot-rosa blühende Weidenröschen.
Lillemor war wieder einmal in ihrer Gartenwelt unterwegs, als sie eine Stimme vernahm, die nach ihr rief. Es war Staffan. Sie freute sich sehr über sein Kommen. Sein braun gebranntes Gesicht ließ

ihn noch ehrwürdiger erscheinen. Ungestüm wurde er von Mascha und Athaba begrüßt. Sie liebten den alten Mann. Nora, der kleine Papagei, im Schatten des Fliederbusches in seinem weißen Käfig sitzend, gab plappernd in einer außerirdischen Sprache seine Kommentare ab. Seinen schwedischen Wortschatz hob er sich stets für außergewöhnliche Momente auf.

»Staffan«, sagte Lillemor, »ich möchte dir gern mein Gartenreich zeigen.«

»Oh ja, liebend gern«, antwortete er.

Und gemeinsam gingen sie zur großen Wiese hinter dem Haus, vorbei an den drei ehrwürdigen alten Fichten, die einst von den samischen Besitzern des Waldhofes gesetzt wurden. Staffan zeigte sich beeindruckt von den in weißer Blüte stehenden Aroniasträuchern. Weit über fünfzig an der Zahl hatte Lillemor vor ein paar Jahren gepflanzt. Die schwarzen Beeren waren reich an Vitamin C und vielfältig verwendbar. Im Herbst war das Blattwerk ein einziges rubinrotes Leuchten. Lillemor zeigte ihrem alten schwedischen Freund begeistert die Blütenpracht auf ihrem Grund, die in der nördlichen Mitternachtssonne eine bemerkenswerte Leuchtkraft auszeichnete.

»Staffan, lass mich Kaffee kochen«, schlug sie vor. »Setz dich doch ein Weilchen auf die Bank zu meinem Elf. Der Platz wird dir gefallen. Wir können dann in den Birkenhain gehen und Kaffee trinken.«

Lillemor begab sich in die Küche, stellte die Kaffeemaschine an, holte aus der Speisekammer Streuselkuchen, eine Thermoskanne und füllte einen Picknickkorb mit Geschirr.

Nun war alles bereit und sie konnte Staffan in den verwunschenen Teil ihres Grundes entführen. Sie gingen den Pfad entlang, der über die große Lichtung führte, die sich nunmehr in der Hochzeit des Sommers zu einem Blütenmeer aus Wildblumen, Kräutern und Gräsern verwandelt hatte. Drei kleine Holzbrücken führten

über die Wassergräben in das grüne Reich der Wildnis, an deren feuchten Hängen gelb blühende Trollblumen ihren Charme versprühten. Staffan berührte mit seinen Händen zärtlich die flauschigen Moospolster, die so schön anzusehen waren, dass man sich am liebsten verweigern wollte, auf ihnen zu laufen. Die vielen Wildpfade, die über den Grund führten, blieben nicht lange von Staffan unentdeckt. Der Weg führte sie vorbei an einem samischen Zelt, in dem Lillemor gern bei Regen oder an kühlen Tagen verweilte. Sehr bald erreichten sie einen Birkenhain, der nicht nur sommerlichen Schatten versprach, sondern auch ein sanftes Summen der Hummeln im dichten Blattwerk erklingen ließ. Die warme Luft duftete nach Apfelgrün. Zwei weiß gestrichene Bänke und ein Tisch hoben sich fantastisch vom Moosgrün und den gelbgrünen Birken mit ihren weiß-schwarzen Stämmen ab. Dieser lauschige Hain war fast ein magischer Platz inmitten der Wildnis.
»Ja, hier kann man sich wohlfühlen«, meinte Staffan.
Der alte Mann setzte sich auf eine Bank und sein Blick ließ erahnen, dass er die Natur mit allen Sinnen in sich aufnahm. Lillemor deckte leise den Tisch, sie wollte ihren alten Freund nicht stören. Mascha und Athaba hatten sich unter den Bänken einen Platz gesucht und schliefen sehr bald ein. Der aromatische Duft von Kaffee ließ Staffan aus seiner Andacht zurückkehren. Und dann sprach er zu Lillemor: »Du sagtest mir einmal, dass du hier im hohen Norden eine neue Heimat suchst. Lillemor, hast du sie gefunden?«
»Ja, Staffan, das habe ich. Aus ganzem Herzen bin ich hier in diesem schönen Land.«
»Was bedeutet es für dich, eine Heimat zu haben?«,fragte er weiter und Lillemor antwortete: »Für mich war das Finden einer Heimat ein sehr langer Weg. So manchen Irrweg bin ich gegangen. Viele Jahre meines Lebens habe ich nach diesem Raum gesucht, der mir hilft, mich selbst zu finden, der mich meine tiefen seeli-

schen Bedürfnisse leben und mich zur Ruhe kommen lässt, mir Geborgenheit, Freiheit und ein friedliches Miteinanderleben ermöglicht. Hier in Lappland habe ich auch die Umgebung gefunden, die zu meiner Seele passt. Die unendlichen Wälder erden mich, die großen Flüsse und zauberhaften Seen berühren die Tiefe meiner Gefühle, die Reinheit der Luft führt mich auf ihren Schwingen in das Reich des Geistes. Ich möchte sagen, ich bin endlich angekommen, lieber Staffan.«

Und Staffan sprach: »Eine Heimat zu finden, ist wichtig für uns Menschen.«

Seine Stimme klang beinahe zärtlich und löste in Lillemor Gefühle großer Vertrautheit aus.

»Wir alle brauchen eine seelische Heimat. Zunächst ist unsere Familie, in die wir hineingeboren werden, unsere Heimat. Als Kind geben uns die Eltern Schutz und Geborgenheit. Die wärmende, zärtliche Liebe von Mutter und Vater schafft Urvertrauen. Empfangen wir diese Liebe, dann wissen wir, die Welt heißt uns willkommen! Leider ist es nicht immer so. Von dieser elterlichen, oftmals schon bedingungslosen Liebe sind wir abhängig, brauchen sie für unser Überleben. Schau dir die Tierwelt an, Lillemor! Mit welchem unermüdlichen Fleiß sorgen doch die Tiereltern für ihre Jungen, schützen sie vor den Feinden und sind bereit, ihr eigenes Leben für die Erhaltung der Art zu opfern.

Voller Hingabe widmen sie sich ihrem Nachwuchs und erfüllen ihre Aufgabe, die ihnen von der Natur zugewiesen. Nichts scheint in der Tierwelt in diesen Sommertagen wichtiger zu sein. In der Pflanzenwelt reift äußerlich sichtbar der Samen in den Fruchtbeständen, der Träger neuen Lebens ist. Auch die Tierkinder sind die neuen Träger der Weitergabe des Lebens. Dieses Gut gilt es zu schützen!

In der menschlichen Familie begegnet das Kind zuerst den Eltern, denen es vertrauen muss, es hat keine Wahl. Es ist hilflos, völlig

unselbstständig und von Mutter und Vater abhängig. In einer Atmosphäre, die von Liebe, Wärme, Fürsorge und Schutz geprägt ist, bekommt das Kind die notwendige Basis für eine freie Entfaltung seines seelischen Potenzials. Wenn es vertrauensvollen Eltern begegnet, lernt es zu vertrauen. Begegnet es liebenden Eltern, lernt es zu lieben.
Bis zum Erwachsenensein bieten familiäre Strukturen nicht nur Liebe, Fürsorge und Schutz, sondern auch den Raum, in dem das Kind lernt, auf Gefühle anderer zu reagieren und eigene Gefühle kennenzulernen und auszudrücken. Das Tor der Empfänglichkeit eines Kindes steht weit offen. Wird der Eingang zu dieser seelischen Tiefe sorgsam von den Eltern behütet, erwacht ein sprudelnder Quell, aus dem eine reine Liebe zu den Menschen, der Natur und der Heimat erwachsen kann. Du hast es selbst für dich erkannt, liebe Lillemor. Wir brauchen eine Heimat, eine Familie, um uns selbst zu finden.
Die Loslösung von der Familie, diesem geschützten Raum, in dem man sich trauen, wagen, erproben kann, ist nicht leicht, fällt Eltern wie den Kindern manchmal sehr schwer. Vielleicht ist es die Angst, den Anforderungen des Lebens nicht gerecht zu werden oder sich sogar im Kollektiven zu verlieren? Die Gründe sind vielfältig. Die Familie hat Struktur und Sicherheit gegeben. Doch was erwartet mich da draußen in der Welt?
Wachstum erfordert genau diesen Schritt, es zu wagen, Eigenverantwortung zu übernehmen. Die großen seelischen Kräfte drängen nach Belebung und Verwirklichung. Im Leben da draußen heißt es, diesen inneren Kräften, wenn Bewährungsproben anstehen und die Unterordnung unter kollektive Normen und Hierarchien angesagt ist, zu vertrauen. Disziplin, Fleiß und Beharrlichkeit müssen als Eigenschaften erkannt und umgesetzt werden, wenn man Erfolg haben will.
Wir sind nicht geboren, um im sicheren Hafen unserer Familie für

ewig vor Anker zu gehen. Nein! Auf uns Menschen wartet die hohe Aufgabe der Selbstverwirklichung. Dafür müssen wir das Elternhaus, manchmal auch unser Heimatland verlassen. Selbstverwirklichung kann wohl kaum im stillen Kämmerlein geschehen. Wir müssen hinaus in die berufliche Welt, mitten hinein in den Trubel einer quirligen Gesellschaft. Dort können wir uns spüren, an den Aufgaben uns messen und daran wachsen und im großen Miteinander unseren Beitrag leisten. Wir brauchen unseren Platz in der Gesellschaft und sollten diesen finden.
Bei all unseren Mühen im beruflichen und gesellschaftlichen Leben ist es gut zu wissen, wieder in einen geschützten Raum zurückkehren zu können. Diesen Raum, der es uns ermöglicht, innezuhalten und seelische Stabilität zu finden, erschaffen wir uns nun selbst. Vielleicht ist es die eigene Familie, die wir nun gründen, vielleicht eine Partnerschaft, das eigene Heim. Wir sollten uns bewusst machen, was uns nährt und was wir brauchen, um uns wohlzufühlen. Was gibt uns Geborgenheit? Wo fühle ich mich seelisch wirklich zu Hause? Ist die Umgebung, in der ich lebe, wirklich die passende für mich? Wie kann ich andere nähren? Diese Fragen sollten wir uns stellen und die Antwort darauf suchen.
Wir Menschen haben das Recht auf Verwurzelung und seelische Geborgenheit, aber auch das Recht auf Selbstverwirklichung. Auch hier gilt: Sowohl-als-auch. Beides ist gleichwertig. Das ausgewogene Verhältnis zwischen Schutz, Geborgenheit, Nestwärme und der Verwirklichung des eigenen seelischen und schöpferischen Potenzials führt zu Ausgeglichenheit.«
Plötzlich schaute Staffan auf die Uhr und sagte: »Oh, es ist schon spät. Ich möchte heute zu einem Kirchenkonzert in Kristineberg. Hast du Lust mitzukommen?«,fragte er Lillemor und sie antwortete: »Liebend gern.«
»Sankt Anna«, so heißt die Kirche in Kristineberg, wurde nach der Schutzheiligen der Bergleute benannt. Sie ist in ihrer Art ein-

malig in der Welt. Neunzig Meter unter der Erde befindet sich die kleine Kirche, die eine bemerkenswerte Geschichte aufzuweisen hat. Seit Mitte der 1930er-Jahre baut man in der Grube zu Kristineberg Eisenerz ab. 1946 kam es bei einer Bergsprengung zu einem spektakulären Ereignis. Als sich der Staub gelegt hatte, wurde eine zwei Meter hohe Christusfigur im Stein sichtbar, eine helle Gestalt aus glänzendem weißem Quarzit. Diese helle Figur mit einem fußlangen Gewand hob sich für alle Augen sichtbar vor dem dunklen Hintergrund des Gesteins ab.
Viele Menschen aus aller Welt strömten zu dieser Erscheinung im Berg. Allmählich verwitterte das Bildnis der Christusgestalt und der Bergraum wurde verfüllt. Nur wenige Zeit später entdeckte man in einem kleinen Ort auf einer Marmorplatte erneut eine Christusgestalt. Dieses Mal zeigte sich die Erscheinung dunkel auf hellem Untergrund, aber exakt in gleicher Form. Dieses Ereignis in Kristineberg fasziniert die Menschen noch heute. Eine Weissagung prophezeit ein drittes Erscheinen dieser Christusgestalt. In der Sommerzeit kann man die Kirche besichtigen und die Besucher werden mit einem Kleinbus hinein in den Berg gefahren. Andachten, Trauungen, Taufen werden in dieser unterirdischen Kirche gefeiert und aufgrund der ungewöhnlichen, mächtigen Akustik ist sie natürlich bei den Chören sehr beliebt. So freute sich Lillemor auf das heutige Konzert in der kleinen Bergkirche.

5. Kapitel

Die Leichtigkeit des Seins

Es war Anfang August. In einer milden Sommernacht wurde Lillemor vom Rufen der Kraniche geweckt. Ihre Trompetenstöße erklangen wie urzeitliche Laute, ließen sie jedes Mal erschaudern, um festzustellen, wie gern sie doch diesem archaisch anmutenden Rufen lauschte. An diesem Morgen stand Lillemor sehr zeitig auf. Mascha und Athaba schliefen fest und Nora brummelte in ihrem Käfig schlaftrunken vor sich hin. Lillemor wollte hinaus in ihren Grund. Dieser neue Morgen lag im mystischen Schimmer vor ihr und lud sie ein, sich auf das Wahre und Wesentliche einzulassen. Und so ging sie zu ihrem Meditationsplatz, der sich nur wenige Meter entfernt von ihrem samischen Zelt befand. Zwischen den hohen immergrünen Fichten stand eine kleine Bank in östlicher Richtung aufgestellt. Singdrosseln berührten mit ihrem morgendlichen, wehmütigen Gesang ihr Herz und plötzlich wurde es still, so unglaublich still, dass auch Lillemor schnell zur Ruhe fand und sich mit dem biblischen Mantra »Sei still mein Herz, sei still und erfahre Gott« auf eine andere Ebene des Seins einlassen konnte.

Von ihrer Seele ließ sie sich an den inneren Ort führen, an dem sie ihrem Geist nah sein konnte. Sie fühlte sich von einer Kraft, die ihren ganzen Körper erfasste, durchdrungen und emporgehoben. Manchmal erlebte sie das Wirken dieser Kraft so stark, dass sie nur schwer atmen konnte. Gleichsam war es eine wundervolle, von beglückenden Gefühlen begleitete Erfahrung, die ihr Kraft und Zuversicht für den Tag gab. In der Meditation war sie ihrem wahren Sein nah, konnte sie fühlen, dass es über den Körper und die Seele hinaus dieses Höhere gab, dass man als den Geist des

Menschen bezeichnete. Der innere Weg, den sie nun schon viele Jahre ging, wurde für sie zur Gewissheit, denn erlebte Erfahrung geht weit über den Glauben hinaus.
Der Wind, das ewige Lied der Taiga singend, brachte Lillemor zurück in das Hier und Jetzt, dem neu beginnenden Tag. Wieder waren mehrere Wochen vergangen seit ihrer letzten Begegnung mit Staffan. Heute sollte sie ihn wiedersehen. Wie wunderbar! An diesem Augusttag wollten sie sich in Ammarnäs treffen, einem kleinen Gebirgsdorf, gelegen im größten europäischen Naturschutzgebiet »Vindelfjäll«. Durch das traumhaft schöne Gebiet kann man beispielsweise auch auf Islandpferden reiten. Im August wird die Fjällheide mit ihrem Reichtum an Beeren zu einem kulinarischen Erlebnis. Der südliche Abschnitt des Königswanderweges, dem weltweit bekannten »Kungsleden«, führt ebenso durch die malerische Bergwelt des Vindelfjäll.
Und wieder einmal wurde Lillemor bewusst, dass sie selbst nicht nur in einer wunderschönen Gegend Lapplands lebte, sondern auch in zwei bis drei Autostunden die großen Nationalparks des Nordens, »Laponia«, das Weltkulturerbe, und andere Naturreservate erreichen konnte, die letzte unberührte Wildnis unseres Kontinents.
Nach dem Frühstück fuhr sie mit ihren Huskys nach Ammarnäs. Zuerst ging es nach Sorsele und von dort aus führte eine Straße direkt am Nationalfluss Schwedens, dem Vindelälven, in nordwestlicher Richtung nach Ammarnäs. Der mächtige Fluss zeigte auch hier die Vielfalt seiner Schönheit. Wilde anthrazitfarbene Berge und tiefe moosgrüne Wälder hatte er sich als malerische Kulisse ausgesucht und versetzte die Vorbeifahrenden in ehrfürchtiges Erstaunen.
Ammarnäs, idyllisch im Flusstal gelegen, begrüßte am Ortseingang seine Besucher mit einem großen Willkommensschild. Nun musste Lillemor das Haus von Staffans Bruder finden, was aber

nicht schwer war, denn in den dünn besiedelten Gebieten kennt jeder jeden. Staffan und sein Bruder saßen auf der Holztreppe des kleinen gelben Häuschens, das eine weiße Terrasse schmückte. Die Freude über das Wiedersehen war sehr groß. Mascha und Athaba begrüßten aufgeregt mit freudigen Sprüngen ihren alten Freund. Die beiden Männer servierten Kaffee und Zimtschnecken, die man in Schweden besonders gern isst.
»Lillemor«, sagte Staffan, »ich möchte mit dir hinauf zur Aigerthütte wandern. Die Huskys können bei Emanuel bleiben. Am späten Nachmittag werden wir zurück sein.« Staffan hatte bereits den Rucksack mit Proviant gepackt und so konnten die beiden sehr bald mit dem Aufstieg zur Aigerthütte beginnen. Der Pfad führte sie auf den Kungsleden. Sie durchquerten einen dichten Birkenwald und passierten über stabile Holzbrücken mehrere rauschende Gebirgsbäche. Nach gut einer Stunde verließen sie den Birkenwald und gelangten auf das Plateau, von dem sich ein fantastischer Ausblick auf Ammarnäs, die Berge und die Flusslandschaft bot.
»Schau nur, Lillemor!«, sprach Staffan. »Wie majestätisch, königlich und würdevoll sich die Natur präsentiert. Es scheint, als würde sie ein Bewusstsein des eigenen Wertes leben. Die Sonne hat in diesem Augustmonat das Leben zur höchsten Entfaltung gebracht. Welche Lebensfreude die Natur ausstrahlt!« Staffans Augen waren der Spiegel seiner Begeisterung. Lillemor bemerkte wie schon so oft, wie gut es ihr tat, mit so einem Menschen wie ihm wertvolle Stunden des Lebens verbringen zu dürfen. Sie bewunderte ebenso die Natur, diese grandiose Schöpfung, und es bereitete ihr große Freude, sie mit ihrem alten schwedischen Freund zu teilen.
»Wollen wir Menschen nicht auch sonnenhaft und schöpferisch werden?«, fragte sie Staffan.
»Das Wort wollen finde ich nicht passend«, antwortete Staffan

und er sprach: »Ich bin davon überzeugt, dass wir Menschen den Auftrag haben, die uns gegebene Schöpferkraft zum Erblühen zu bringen. Wir vereinen im menschlichen Geist die göttlichen Attribute, denn wir sind ein individualisierter Ausdruck der Gottheit. Universelle Liebe, Weisheit, Intuition und Schöpferkraft sind unserer höheren Natur eigen. Diese schöpferische, gestaltende Kraft will im Leben verwirklicht werden, drängt hinaus in die Manifestation. Kreativität, die ein Ausdruck von Schaffensfreude ist, ist zutiefst schöpferisch. Entdecken wir unsere Begabungen und Talente und erwecken sie zum Leben, entsteht hieraus schöpferisches Wirken, dass große Freude auslösen kann.

In dieser Freude erkennen wir, was uns frei, heiter und beschwingt werden lässt und zu einer wahren Befriedigung führt. Jeder Mensch hat Zugang zu seinem schöpferischen Potenzial, denn wir alle haben besondere Gaben, denen es nach schöpferischer Gestaltung dürstet. Wenn ich davon sprach, dass die Natur in einem Bewusstsein des eigenen Wertes lebt, dann meine ich, dass auch wir Menschen uns in diesem Selbstbewusstsein wiederfinden sollten. Für mich reicht es nicht aus, das Leben zwischen Wiege und Bahre einfach vorüberziehen zu lassen. Das ist aus meiner Sicht eine Vergeudung der wertvollen Lebenszeit. Am Ende der Inkarnation müsste ich mich dann zu Recht fragen, warum ich nicht der geworden bin, der ich doch von meinen Anlagen her hätte sein können.«

»Ich glaube, Staffan, wir sollten herausfinden, wer wir sein könnten, und uns auf die Suche nach unserem Potenzial begeben«, sagte Lillemor.

»Du hast recht«, antwortete Staffan und fuhr fort: »Es gilt, die Einmaligkeit unserer Persönlichkeit zu entdecken und die Kraft zu erwecken, diese auszudrücken. In Wirklichkeit sind wir doch Menschen mit vielen Facetten in schillernden Farben, die positiv im Leben leuchten wollen. Wenn wir unsere Eigenschaften leben-

dig werden lassen, treten wir gleichsam eine Reise an, die uns zu unserer Identität führt. Die Natur, liebe Lillemor, ist uns auch in dieser Angelegenheit ein wahrer Lehrer.
Gottvater, der sich in seiner polaren Schöpfung in der Vielfalt der Farben, Klänge, Düfte und Lebensformen erkennen will, will sich doch in Freude spiegeln. Die indischen Weisen brachten es auf den Punkt. Sie sagten: Der Zweck der Schöpfung ist Ananda, was Freude bedeutet. Wir sind ebenso ein göttlicher Ausdruck der Schöpfung, denn Gott ist in allem enthalten. Die Natur offenbart in diesen Sommertagen sozusagen den höchsten Ausdruck der Freude an der Schöpfung. Der Wille zur Schöpfung ist die Ursache. Die Schöpfung ist die Wirkung. Die Freude ist der Zweck. Schöpfung umfasst den Prozess des Werdens, der vollen Entfaltung und des Vergehens. Wenn wir ein Ausdruck der Schöpfung sind, dann gehört die Freude auch zu unserem Zweck. Daher meine ich, sollten wir an uns selbst Freude haben, oder anders ausgedrückt: Gottvater, der sich in seinem göttlichen Funken in der menschlichen Lebensform spiegelt, will darin Freude am Sein haben. Diese Freude ist gottgegeben. In Freude und in schöpferischem Tun können wir zu unserer eigenständigen Identität und zu unserer Bestimmung finden.
Ja, wir Menschen wollen sonnenhaft werden, das hast du sehr treffend formuliert, liebe Lillemor. Wir wollen strahlen und nicht nur uns selbst, sondern auch andere Menschen mit unserem lichtvollen wärmenden Wesen berühren.
Doch dieser Weg ist kein leichter, denn er verlangt im polaren Leben die Auseinandersetzung mit dem Schatten, der uns daran hindert, ein strahlender Mensch zu werden. Wenn wir die Auseinandersetzung mit dem Schatten meiden, besteht die Gefahr, anstatt Menschen zu wärmen, sie als Leinwand für unsere Schattenthemen zu benutzen.«
»Ich verstehe dich sehr gut, lieber Staffan«, sagte Lillemor und

sprach: »Wir sind auf dem Weg, sonnenhafte, Wärme und Herzlichkeit verschenkende, kraftvoll wirkende und führende, charismatische, selbstbewusste Menschen zu werden. Doch oftmals sind wir von diesem Ziel noch weit entfernt. Viele sehnen sich nach Macht, Bewunderung und Autorität, fordern dies mit großem Pathos ein. Meistens ist das vorgespielte Selbstbewusstsein nur Fassade. Trotzdem finden diese Blender stets Menschen, die applaudieren. Diese Menschen sind hervorragende Selbstdarsteller. Sie inszenieren ihr eigenes Drama auf der Bühne dieser Welt. Natürlich spielen sie die Hauptrolle, es kann nicht anders sein. Diese Möchtegernhelden sind wahrlich nicht leicht zu durchschauen.«

»Ich weiß, was du meinst«, antwortete Staffan und er sagte: »Minderwertigkeitsgefühle sind quälend und jeder Mensch versucht sie zu verbergen und zu kompensieren. Das ist nur allzu menschlich. Überheblichkeit, Prahlerei, Dominanz und Selbstgefälligkeit sind Mittel zum Zweck, können aber auf Dauer den Mangel nicht verbergen, schon gar nicht beheben. Wir sollten es wagen, mit dem Leben spielerisch umzugehen, den Druck fallen zu lassen Ja, ich meine, wir sollten uns in dieser Angelegenheit an das Kindsein erinnern. Das Kind brennt darauf, das Leben im Spiel kennenzulernen. Es ist voller Neugier, unbefangen und vertrauensvoll. Es ist begierig zu erfahren, was das Abenteuer Leben bereithält. Wahre Lebensfreude, meine liebe Lillemor, kann doch letztlich nur aus unserem tiefsten Wesenskern geboren werden. Und wieder sage ich: Es lohnt sich, immer mal wieder in die Stille zu gehen und auf die innere Stimme zu lauschen, die uns so viel zu sagen hat, und wenn wir ihr zuhören, bereit ist, uns den Weg mit seinen schöpferischen Möglichkeiten zu zeigen, der uns zu unserer Bestimmung führt.

Wenn es uns gelungen ist, echtes Charisma zu entwickeln und eine wahrhaftige Autorität zu werden, die den Menschen Liebe,

Wärme, Herzlichkeit, Zielbewusstsein, Entschlossenheit, Kraftfülle und Selbstgefühl schenkt, dann sind wir sonnenhaft geworden. Lass uns diese innere Sonne finden, Lillemor!« Seine Augen schauten sie warmherzig an. Und er sprach weiter: »Doch dieses Ziel kann nur erreicht werden, wenn wir nicht auf dem egozentrierten Pfad verharren, sondern eben unsere Kraft auf Menschen ausdehnen, denen wir mit Achtung, Respekt, Gleichheit und Freiheit begegnen.«

»Ist es aber nicht ebenso wichtig, Erstarrung in der eigenen Entwicklung zu verhindern?«, entgegnete Lillemor.

»Du hast vollkommen recht«, antwortete Staffan. »Das Leben ist Schwingung und deshalb dynamisch. Auch unsere Entwicklung muss dynamisch sein, sonst droht Erstarrung. Am Status quo festzuhalten, ist nicht im Sinne der Schöpfung. Mit dem Leben zu schwingen bedeutet, stets offen zu sein für Neues, für Veränderungen im persönlichen Leben und der eigenen Entwicklung, die in die Vollkommenheit führt. Das bedeutet über den eigenen Horizont zu schauen, Neuerungen und Reformen sich nicht zu verweigern, auch nicht in der Gesellschaft.

Aber jetzt lass uns was essen und trinken, Lillemor. Ich bin sehr hungrig!«

Das war Lillemor auch und so stärkten sie sich mit Speis und Trank. Leider reichte die Zeit nun nicht mehr aus, den Weg zur Aigerthütte fortzusetzen. Das machte Lillemor nichts aus und auch Staffan schien nicht darüber traurig zu sein. So begaben sie sich auf den Rückweg und am späten Nachmittag fuhr Lillemor mit ihren Lieblingen wieder zurück nach Allavaare. Es war ein guter Tag.

6. Kapitel

Leben als freudvolle Pflicht

Längst waren die Tage wieder kürzer geworden und der arktische Sommer hatte sich verabschiedet.
Mitte September begann in der nordeuropäischen Taiga die farbenprächtigste Zeit des Jahres. Der Herbst malte einzigartige Landschaftsbilder, die eine besänftigende Geborgenheit vermittelten. Es schien, als würde die Natur die Wärme des Sommers in den Farben des Herbstes bewahren wollen.
Die Birken und sibirischen Lärchen präsentierten sich in einem zitronengelben Kleid. Die Vogelbeerbäume brillierten mit purpurrotem Blattschmuck und üppigem Fruchtbehang. Die Traubenkirschen offenbarten sich als orangerote Blattschönheiten. Kornell- und Aroniasträucher leuchteten granatapfelrot.
Im Gewand feuchter Nebelschwaden lagen in den frühen herbstlichen Morgenstunden die majestätischen Flüsse noch im sanften Schlummer. Gewebtes Mondlicht ließ die Landschaft verwunschen aussehen. Ja, Lappland leuchtete nach dem Erwachen aus sanftem Schlaf in prächtigen Farben des Herbstes. Es war so unglaublich schön, dass man die herbstlichen Zauberwelten der Natur kaum mit Worten beschreiben konnte. Lillemor liebt den Herbst, wie viele ihrer Mitmenschen. Besonders in den Bergen war es zu dieser Jahreszeit traumhaft. Jedes Jahr im September fuhr Lillemor hinauf auf den Nalovardo, einen 764 m hoch gelegenen Berg. Dieses Mal begleitete sie ihr alter Freund. Und wieder freute sie sich auf die gemeinsamen Stunden mit Staffan.
Sie verbrachten nur wenig Zeit miteinander, doch stets waren es sehr intensive Stunden, die reich waren an Geistvollem und Fülle.

Für sie war ihr schwedischer Freund zu einem wichtigen Begleiter in ihrem Leben geworden. Manchmal kam ihr der Gedanke, ob sie wohl deshalb in den hohen Norden geführt worden sei, um diesem Staffan zu begegnen, der sie mit seinen Worten so reich beschenkte? Ja, die Beziehung zwischen ihr und diesem alten Mann war etwas ganz Besonderes. Ihr war längst klar, dass man nicht zwangsläufig nach Asien reisen musste, um weise Menschen zu finden. Menschen mit einer hohen geistigen Gesinnung und hingebungsvoller Liebe sind mitten unter uns. Zugegeben, es sind nicht viele und es bedarf einer höheren Gnade, wenn man sie finden will. Diese Menschen stehen nicht im Rampenlicht, fahren keine teuren Wagen und Selbstdarstellung liegt ihnen fern. Bescheidenheit und Unauffälligkeit sind wohl eher die Merkmale, die diese alten, weisen Menschenseelen auszeichnet. Staffan selbst zählte sich nicht zu den Weisen, er war wie sie ein Suchender. Er sagte einmal: »Über Gott zu reden und Gott zu suchen ist nicht dasselbe. Nur wenige suchen ihn wirklich mit einem brennenden Verlangen und liebender Hingabe. Diese Gottsucher sind einsam unter vielen. Für diese Menschen reicht es nicht aus, allein im exoterischen Leben Gott Aufmerksamkeit zu widmen. Sie fragen nach dem tieferen Sinn des Lebens, wollen das Wesen der Gottheit verstehen, um sich letztlich dem eigenen menschlichen Wesen und dem Sinn der eigenen Existenz zu nähern. Diese Suchenden gehen eben auch den inneren Weg um die Sehnsucht zu stillen, damit Glaube sich zu innerer Gewissheit erhebt.«

Die Fahrt durch die bunte herbstliche Landschaft hinauf auf den Nalovardo war fantastisch. Gegen Mittag erreichten Lillemor und Staffan ihr Ziel. Die Blätter der Heidelbeersträucher waren feuerrot und es schien, als würde die Landschaft glühen. Die Sonne beschien mit ihrem goldenen Licht die Heidelandschaft und verlieh ihr einen zutiefst magischen Schimmer. Ja, hier oben

auf dem Nalovardo mochte man stundenlang verweilen, denn die Aussicht auf die weite Landschaft lud zum Schauen und Träumen ein.
Die reine Luft des Nordens ließ einen kristallklaren Himmel in blau-rosa und violettfarbenen breiten und schmalen Bändern am Horizont erblicken, der fast unwirklich erschien. Der erhabene königliche Vindelälven mäanderte durch das Tal. Das tiefblaue Band, so schien es, wollte die Landschaft mit einer Schleife schmücken. Welche Freiheit und Weite doch dieses Lappland vermittelte! Welch herbstlicher Duft doch dazu einlud, bewusst und tief zu atmen!
»Komm, lass uns Feuer machen!«, schlug Staffan vor. Schnell fanden sie eine geeignete Stelle, sammelten trockenes Holz und bald knisterte ein lustiges Feuer vor sich hin. Staffan packte Kochgeschirr aus seinem Rucksack aus und zur großen Überraschung von Lillemor einen Topf gefüllt mit frisch gesammelten Waldpilzen. »Ich möchte für uns eine Pilzsuppe kochen«, sagte er. Lillemor war begeistert. Staffan wollte kochen, das gefiel ihr sehr und nach geraumer Zeit erfüllte der würzige Duft der Pilze die Luft. An alles hatte der alte Mann gedacht, sogar an samische Birkenholzschalen, aus denen man hervorragend Suppe essen konnte. Die frische Luft machte Appetit und die beiden aßen die heiße Suppe, die ihre Körper wohltuend aufwärmte.
»Staffan, ich muss dich loben, deine Pilzsuppe schmeckt vortrefflich«, sagte Lillemor.
Als sie mit dem Essen fertig waren, nahmen sie dicke Kissen und setzten sich damit auf große Steine und genossen den wunderbaren Ausblick auf das herrliche Land.
»Schau, Lillemor«, sprach Staffan, »der Herbst hält in seiner Farbenpracht noch einmal die Erinnerungen an den Sommer wach. Ein wundervoller Nachklang erfüllt den Raum. Es ist Erntezeit. Die Menschen ernten die Gaben der Natur und die

Kapseln behüten die Samen. Die Hälfte des Jahreskreises ist vollendet. Der Sommer ist ausgeklungen und die Natur kommt langsam zur Ruhe. Über den Weiten der Taiga wird es still.« Mit feierlicher Stimme sprach er weiter: »Ich kann einen herbstlichen Frieden spüren, der die Landschaft bettet. Dieser Frieden ist aus meiner Sicht auch ein Ergebnis des dienenden Erfüllens der Natur an den Menschen und Tieren. Die Natur erwachte im März zur Tagundnachtgleiche im Frühling zu einem neuen Lebenszyklus und nun werden wir mit den Früchten beschenkt. Ja, die Natur sorgt für uns Menschen und für die Tiere, für sie sind wir alle gleich – Geschöpfe des einen, der uns ins Sein gebracht hat. Schon im Alten Testament wird auf die Gaben der Natur verwiesen, die uns Menschen ausreichende, wertvolle und vitale Ernährungsgrundlagen bieten. Lass uns doch für einen Moment in die Stille gehen und diesem heiligen Boden danken. Die Natur, das zur Form gewordene göttliche Licht, ist ein Heiligtum. Ich möchte dieses Heiligtum tief in meinem Herzen preisen, liebe Lillemor.«
Die Worte Staffans berührten Lillemor sehr. Mit Staffan konnte sie viele dieser besonderen Momente erleben, in denen sie sich mit der Einheit allen Lebens stark verbunden fühlte. Schon der Klang seiner einzigartigen Stimme verzauberte sie jedes Mal neu. Ja, mit Staffan war sie wohl gleichschwingend, in einem Klang. Spiritualität war das Band, das sie verband und dieses war weit stärker als körperliche und seelische Anziehung. In der spirituellen Verbindung mit ihrem alten schwedischen Freund konnte sie sagen: »Das Göttliche in mir grüßt das Göttliche in dir«, das indische »Namaste« wurde in ihrer einzigartigen Beziehung lebendig.
»Welche Parallele siehst du in dieser Zeit des Jahreskreises zu uns Menschen?«, fragte Lillemor. Staffan antwortete: »Nun, da kommt mir sehr viel in den Sinn. Die Natur erfüllt voller Hingabe

ihre Aufgabe an den Mitgeschöpfen. Ich meine, so eine Aufgabe haben auch wir Menschen. Unsere Bedürfnisse und Wünsche sollten nicht dem alleinigen Selbstzweck dienen, sondern müssen mit den Erfordernissen unserer Umwelt abgestimmt sein. Wir sind nicht hier, um nur für uns selbst zu leben, sondern sind gleichermaßen dem Wohl des Ganzen verpflichtet. Ja, wir sind Diener und das sollten wir anerkennen. Das Wort ›Pflichterfüllung‹ ist wohl hier passend gewählt. Wir alle werden in unserem Leben mit Aufgaben konfrontiert, die Anstrengungen erfordern und notwendige Opfer abverlangen. Keiner kann sich dieser Pflichtausübung entziehen. Damit will ich ganz klar eine reale Forderung des Lebens an uns ansprechen.
Dieser Aufgabe begegnen wir vordergründig mit unseren Verstandeskräften. Die Ausbildung mentaler Kräfte ist notwendig und gehört zum evolutionären Pfad des Menschen. Diese mentalen Kräfte zeichnen sich durch einen starken Sinn für die Realität aus. Ausgezeichnete Beobachtungsgabe und hervorragendes Unterscheidungsvermögen sind positive Attribute dieser Verstandeskräfte. Mit einem Sinn für Ordnung, Systematik, Analyse und Methodik sind wir in der Lage, die an uns gestellten Aufgaben präzise zu erfüllen. Auf dieser Ebene begegnen wir der sachlichen und nüchternen Denkfähigkeit, die sich auf das Detail konzentrierend und mit großer Kombinationsfähigkeit, Wissen aufgabenbezogen integriert. Nutzdenken und Vernunft stehen hierbei im Vordergrund.«
»Besteht nicht die Gefahr, dass wir uns in der kausalen Logik verfangen?«, fragte Lillemor.
Staffan fuhr fort: »Wenn Toleranz fehlt, dann magst du recht haben. Wir gehen nicht den Weg der Mitte, wenn wir uns nur auf die kausale Logik verlassen. Kausale Logik ist unentbehrlich, das möchte ich noch einmal klar herausstellen. Für viele Menschen ist jedoch nur das wahr, was sich mit kausaler Logik erklären und

mit wissenschaftlichen Methoden beweisen lässt. Auf Andersdenkende reagieren diese Menschen, die der kausalen Logik absolute Bedeutung beimessen, oft mit Zynismus und Sarkasmus. Welche Arroganz!«

»Vielleicht ist es ein Versuch, das Leben mit sachlichem Wissen zu kontrollieren?«, meinte Lillemor. »Das mag ein Grund sein«, antwortete Staffan und er sprach: »Es ist eine Illusion, den Risiken des Lebens mit Wissen begegnen und diese beherrschen zu wollen. Das Leben selbst bleibt doch ein Mysterium. Dem reinen, sachlichen, logischen Vernunftmenschen fehlt oft etwas ganz Entscheidendes: die Toleranz.

Und so komme ich wieder zum Sowohl-als-auch, liebe Lillemor. Die Schwingung des Lebens umfasst sowohl den konkreten analytischen Verstand, der uns die realen Aufgaben im materiellen Dasein präzise und exakt erfüllen lässt, als auch die Hingabe und das Vertrauen an eine höhere kosmische Intelligenz, die die mentale seelische Kraft des Menschen überragt. Die Entwicklung von Toleranz Andersdenkenden gegenüber und ein Sichöffnen für dieses höhere kosmische Bewusstsein führt uns in die Mitte. Rationales Denken und abstraktes Denken bilden die Einheit.

Tolerant zu sein bedeutet aber auch zu erkennen, dass die Wahrheit, die wir für wahr halten, stets das Gegenteil einschließt. Das ist nicht leicht, denn oft ist das Gegenteilige schwer zu akzeptieren.

Dennoch ist Toleranz der Schlüssel für wachsende ganzheitliche Erkenntnis und menschliche Entwicklung. Sind wir intolerant, werden wir kaum unser Wissen segensreich und schöpfungsgerecht umsetzen können.

Ein höheres Ziel, das über den Horizont des Alltags hinausreicht und sich in einem weiten sozialen Kontext einfügt, ebnet den Weg zum Dienst an uns Menschen und der Natur. Wenn unsere logische und rationale Verstandeskraft auf der Basis von Toleranz dem Wohle aller Menschen und unseres Planeten dienlich ist und stets bemüht ist, die Einheit allen Lebens zu erfassen, dann sind wir in einem Klang mit dem schwingenden Leben.«

7. Kapitel

Die Sehnsucht nach Harmonie

Gurrende Auerhennen, die in mächtigen, silbergrauen Kiefern ihre Schlafstätte gefunden hatten, und das wehmütige Rufen eines Käuzchens begleiteten Lillemor in die Stille der herbstlichen Nacht.
Der Wind rauschte in den Bäumen und es schien, als würde er mit seinem Gesang die Natur in den Schlaf wiegen wollen. Der Geruch abgestorbener Blätter lag in der Luft. Lillemor übergab sich im Vertrauen auf Schutz den Kräften der Dunkelheit.
Sie war in Jokkmokk und würde morgen Staffan treffen. Lillemor war bereits einen Tag eher angereist und hatte sich eine kleine Stuga am Waldesrand gemietet.
Jokkmokk ist ein Ort samischen Ursprungs, eingebettet in einer beerenreichen Waldlandschaft mit über 250 Seen und zahlreichen Bächen. Der alljährlich im Februar stattfindende jahrhundertealte samische Wintermarkt ist inzwischen legendär.
In Schweden gibt es 28 Nationalparks, allein 10 befinden sich im nördlichen Teil des Landes.
Von Jokkmokk aus kann man in kurzer Zeit die grandiosen Naturparks erreichen, so zum Beispiel »Laponia«, eine der vier Welterberegionen, welche die Landschaft der ursprünglichen samischen Bevölkerung repräsentiert.
Zum Welterbe »Laponia« gehören der Sarek-Nationalpark, ein mächtiges Hochgebirgsgebiet mit dramatischen Gletschern, steilen Gipfeln und tiefen Tälern, der Nationalpark Padjelanta, ein viele hundert Jahre altes, auf einer Hochebene gelegenes, fruchtbares Rentierweideland, und Stora Sjöfallet mit dem Akkagebirge, das durch die Reise des Nils Holgersson weltbekannt wurde

und als Königin von Lappland bezeichnet wird. In östlicher Richtung von Jokkmokk befindet sich der ebenfalls zum Laponia-Welterbe gehörende Muddus-Nationalpark, der vor allem durch seine artenreiche Vogelwelt sehr beliebt ist. Hier kann man den scheuen Singschwan in den flachen Moorlandschaften brühten sehen, aber auch Königs- und Fischadler, Korn- und Seerosenweihe sowie der Sterntaucher, der Vogel der Moorweiher, sind hier zu Hause. Der Muddus-Nationalpark ist eines der größten Vogelschutzgebiete Schwedens. Muddus ist aber auch eines der größten Urwaldgebiete des Landes und verzaubert seine Besucher mit seinen Würde ausstrahlenden Kieferurwäldern. So manche ehrwürdige alte Kiefer kann auf ein stattliches Alter von 600 Jahren zurückblicken. Hier sterben die Kiefern einen natürlichen Tod und werden von Moosen und Flechten überwuchert. Es ist schon ein erhabenes Gefühl, auf einem Bett aus duftenden Birkenzweigen neben einem prasselnden Birkenholzfeuer zu liegen und der Stimme des Windes zu lauschen, der uns doch so gerne hinauf zu den Flammen des Geistes entführen möchte.

Am nächsten Morgen präsentierte sich die nordische Taiga in den Farben des Vergehens. Die weiten Wälder, über denen erhabene feuchte Nebelschwaden thronten, zeigten sich in einem bräunlichvioletten Schimmer. Das mehlige Weiß der Birkenstämme bot einen letzten farbigen Kontrast zum goldgelben Blattwerk, das bereits einen Hauch der Vergänglichkeit verströmte. Die silberne Mondsichel glänzte am morgendlichen blauen Himmel und es erweckte den Anschein, als würde es schwerfallen, die Regentschaft an die Sonne abzugeben.
Staffan und Lillemor trafen sich am späten Vormittag in der Stuga. Die herbstliche Sonne wärmte die Landschaft mit ihrem Licht und so konnten die beiden auf der weißen Holzbank Platz nehmen, die so einladend und beschaulich unter einer Fichte stand.

Nur wenige Meter entfernt gab es einen Waldsee, auf den sie einen wunderschönen Blick hatten. Die Wolken spiegelten sich im klaren Wasser. Am Ufer lag ein in Schilfdickicht eingebettetes rotes Ruderboot.

Ja, das war es, was Lillemor an dieser nordischen Landschaft ebenso liebte. Alles fügte sich harmonisch zu einem Ganzen: die grünen, im Herbst bunten Wälder, das tiefblaue Wasser der Seen, Bäche und Flüsse, der azurblaue Himmel mit seinen schneeweißen Wolkenformationen, die schneebedeckten Berggipfel und dann ein rotes Boot, eine weiße Brücke oder die bunten Holzhäuschen mit ihrem nordischen Charme. Die Natur Nordschwedens repräsentierte für sie eine seltene klare Schönheit, die eine wohltuende Ästhetik auszeichnete. Aber auch das nordische Klima bekam ihr gut. In der reinen frischen Luft des Nordens, fernab erdrückender tropischer Hitze, konnte sie leicht atmen.

»Heut ist ein besonderer Tag, liebe Lillemor«, sprach Staffan. »Wir haben die herbstliche Tagundnachtgleiche und die Natur stellt sich auf Ausklang und Rückzug ein. Die Pflanzen nehmen Abschied und es löst sich langsam auf, was in den letzten sechs Monaten zur sichtbaren Form geworden ist. Im März erwachte die Natur zu einem neuen Lebenszyklus, der sich nun umkehrt. Die sterbenden Pflanzen übergeben nun ihre Samen der Mutter Erde für ein neues Erwachen im ewig drehenden Lebensrad. Der Kreislauf der Säfte versiegt und leitet die Aufhebung des zur Form Gewordenen auf. Die Natur hält Balance und strebt nach einem Gleichgewicht der Kräfte. In wunderbaren Farben nimmt sie nun Abschied. Es gibt das sichtbare Leben und das nicht sichtbare Leben im ruhenden Schoß der Mutter Erde.«

Lillemor fragte: »Ist es nicht bei uns Menschen genauso, Staffan? Wir streben doch auch hinaus in das äußere Leben, wollen uns entfalten, erblühen, möchten zeigen, wer wir sind und was wir können.«

»Du sprichst damit die menschliche aktive männliche Seite an, die in das Außen drängt. Doch es gibt gleichermaßen eine passive, weibliche, nach innen gerichtete Kraft im menschlichen Wesen. Beide Kräfte streben nach Ausgleich und Harmonie. Im inneren Gleichgewicht zu sein bedeutet, dass unsere männlichen und weiblichen Wesenskräfte Raum bekommen, sich gleichberechtigt auszudrücken. Tief in unserem Herzen sehnen wir uns nach dieser beseligenden, friedvollen Harmonie, die uns die Leichtigkeit des Seins und das Leben selbst als großes Geschenk erfahren lässt.«
»Ist nicht die wahre Liebe ebenso ein Geschenk?«, fragte Lillemor ihren alten Freund. Und Staffan antwortete: »Ja, das ist sie wahrhaftig. Die Liebe kann allerdings nur empfangen werden, erzwingen können wir sie nicht. Liebe gedeiht in einer Atmosphäre von gegenseitigem Vertrauen und einer innigen Verbindung, die dennoch Abstand bewahrt. So wie wir keinen Menschen besitzen und festhalten können, lässt sich auch die Liebe nicht an uns binden. Wahre Liebe ist selbstlos, frei von Bedingungen. Eifersucht kann menschliche Liebe schwer belasten. Wahre Liebe ist eine nicht versiegende Quelle der Kraft. Doch leider haben wir Menschen immer wieder Schwierigkeiten mit der Liebe, obwohl uns alle nach dieser dürstet.«
»Wollen wir nicht in unserem Streben nach Harmonie manchmal die Liebe festhalten?«, fragte Lillemor.
»Nun, ich sagte bereits, wahre Liebe kann man nicht festhalten«, antwortete Staffan. »Hinter diesem Festhaltenwollen steht möglicherweise die Angst vor Auseinandersetzungen. Für viele Menschen sind disharmonische Zustände kaum auszuhalten. Die große Sehnsucht nach Harmonie und Liebe überdeckt manchmal eben auch einen Mangel: die fehlende Kraft, Probleme zu lösen und sich Konflikten zu stellen. Es wird weggeschaut, nur das Schöne und Gute gesehen und eine Scheinwelt aufgebaut, in welcher der Honigpinsel große Bedeutung erlangt. Mit Höflichkeit

und Diplomatie mogelt man sich an notwendigen Entscheidungen vorbei, diese überlässt man lieber anderen. Hauptsache, man hat seine Ruhe, vermeidet Streit und Unannehmlichkeiten. Fremdbestimmung wird dabei bewusst in Kauf genommen. Nein! Diese Harmonie bezieht sich nicht auf die Balance der Kräfte, ganz im Gegenteil!

Weichen wir Konflikten aus, bewahren wir einen Scheinfrieden, der letztlich eine Illusion ist und bald wie eine Seifenblase zerplatzen wird. Nur allzu gern sind wir Menschen bereit, Kompromisse einzugehen, die das Feuer eines Konflikts nur unter Kontrolle halten, aber nicht löschen können. Harmonie um jeden Preis, selbst um den Preis der Verleugnung eigener Wünsche und Bedürfnisse, ist hiermit nicht gemeint. Ein Konflikt tangiert grundsätzlich in Widerspruch geratene Interessen. Der Weg, liebe Lillemor, und immer wieder und immer wieder komme ich darauf zurück, beinhaltet: Sowohl-als-auch. Das Ziel muss es sein, kompromissbereit zu sein und eine Einigung zu erzielen, die beiden Parteien gerecht wird. Dann sind die Kräfte ausgewogen, nämlich die eigenen Interessen und die des anderen. Das bedeutet, sich mutig und entschlossen für die eigenen Absichten stark zu machen und die Angst vor Sympathieverlust hinter sich zu lassen.«

»Doch zunächst muss doch die eigene Scheinwelt erkannt und der Wirklichkeit ins Auge geblickt werden«, sagte Lillemor.

Und Staffan fuhr fort: »Die Verantwortung für eigene Entscheidungen müssen wir selbst tragen und Lösungen finden. Dann können wir unsere Kraft der Durchsetzung spüren und das Vertrauen in uns selbst finden. Selbstbestimmung macht stark. Sind wir es uns selbst wert, unsere Ziele, Wünsche zu erfüllen, dann gestehen wir diese auch unserem Partner oder unseren Mitmenschen zu, inspirieren und unterstützen sie. Die Partnerschaft kann eine sprudelnde Quelle der Kraft sein, wenn das Sowohl-als-auch respektiert und beide Menschen ihren Raum für eine eigene Entwicklung und Interessenverwirklichung zugesprochen bekommen. Niemand darf einen anderen Menschen daran hindern, sich zu entfalten und sich höherzuentwickeln. Nicht zuletzt sollten wir uns von den heiligen Werten Liebe, Nachsicht, Güte, Großmut, Barmherzigkeit und Geduld leiten lassen. Liebe muss man fühlen können und sollte nicht von körperlichen Trieben beherrscht werden. Der Keim der Liebe geht erst auf, wenn die Seele und der Geist berührt werden können. Die höhere Liebe beginnt dort, wo sie über der Sexualität steht. Wahre Liebe bleibt, sie kann man nicht verlieren, denn sie ist bedingungslos und erfreut sich am reinen Geben. Mit wahrer Harmonie, liebe Lillemor, meine ich noch etwas anderes: nämlich Gelassenheit.

Unter Gelassenheit verstehe ich die Gewissheit, dass wir eingebettet sind in einem viel größeren, umfassenderen Leben. Erinnere dich, liebe Lillemor. Im letzten Jahr sprach ich davon, dass Gott in allem enthalten ist und folglich nichts außerhalb von ihm existieren kann. In allem begegnen wir dem Göttlichen und einem uns Menschen auf ewig verborgenen Schöpfungsplan. Gelassenheit ist das Vertrauen in diese große Schöpferkraft und in die höhere geistige Gerechtigkeit, die ihren Ausdruck im Gesetz des Karma findet. Dieses Vertrauen in eine göttliche Gerechtigkeit lässt uns Menschen gelassen werden und erkennen, was in unserer Macht steht zu ändern. Damit erkennen und respektieren wir auch unsere Grenzen und kämpfen nicht für eine Sache, die nicht zu gewinnen ist. Sind wir in bestimmten Situationen in diesem Bewusstsein die Unterlegenen, sind wir in Wirklichkeit weiser und stärker als der Krieger in seinem unbeugsamen Kampf.«

8. Kapitel

Das Stirb und Werde – der Sieg über uns selbst

In Lappland sind Anfang November die abgestorbenen Pflanzen und Blätter bereits mit einer dünnen Schneedecke bedeckt. Die Auflösung des zur Form Gewordenen ist vollendet und der im Erdboden behütete Samen kann den Kräften des Todes vertrauensvoll trotzen. In der Natur waltet die Zeit des großen Sterbens, die dem neu erwachenden Leben im nächsten Frühjahr vorausgeht.

Zunehmende Dunkelheit und Kälte ziehen das sichtbare Leben in den inneren verborgenen Raum zurück.

November, Dezember und Januar sind die Monate der dunklen Zeit. Symbolisch wird die dunkle Zeit mit Allerseelen eingeläutet. In den schwedischen Kirchen gedenkt man an diesem Feiertag der heimgegangenen Seelen mit brennenden Kerzen. Ja, die dunkle Zeit erinnert uns Menschen an die Regentschaft der Dunklen Alten, die auch als die Weise Frau bezeichnet wird. Sie ist die Hüterin einer uns gewöhnlich nicht sichtbaren Welt. Manchen Menschen werden jedoch die Tore zeitweilig geöffnet und sie dürfen das Nichtsichtbare schauen.

In der nordischen Mythologie ist der Name »Hel« die Bezeichnung für das verborgene Reich, die Welt der Schatten. Hel, die dunkle Erde, nimmt das aufgelöste, zur Form gewordene Leben wieder zurück, verbirgt und beschützt es. Ja, diese uns verborgene Welt beschützt das Leben in einer ganz besonderen Weise. Sterbezeit ist Loslösung, Ruhezeit und Transformation.

Lillemor schaute gedankenversunken aus ihrem Fenster, beobachtete das Spiel der Baumwipfel im herbstlichen Wind und sprach leise zu sich selbst: »Ist es nicht so, dass wir Menschen

nach dem Ablegen unseres Körpers ebenso in diesen nicht sichtbaren Raum einkehren, damit unsere Geist-Seele sich wohlbehütet ausruhen und auf ein neues manifestiertes Leben in neuer körperlicher Form vorbereiten kann?«
Die dunkle Zeit erinnert uns daran, dass auch wir Menschen mit Sterbeprozessen konfrontiert werden und dass es sinnvoll ist, den inneren Kräften in den kommenden Monaten mehr Raum zu geben.
Lillemor liebt die dunkle Zeit, die uns Menschen wieder mehr an das Heim bindet. Für sie ist es ein Abschnitt des Jahres, der besonders dazu aufruft, den Abstieg in das eigene dunkle Reich zu wagen und dort den Schattengeistern, inneren Dämonen, Ängsten und Aggressionen zu begegnen. Wir sind es uns selbst schuldig, uns unserer verdrängten Lebensthemen anzunehmen. Unsere Schattengeister ruhen wohlbehütet auf dem dunklen Seelengrund. Das kostet uns mehr Kraft, als wir ahnen. Wir Menschen haben Angst vor der Begegnung mit diesen Schattengeistern, denn sie erinnern uns an Schmerz, Ohnmacht, Entsetzen, Verzweiflung, Schuld und Sühne. Nein, das wollen wir doch wirklich nicht haben! Intensive Lebenserfahrungen, die uns einst emotional sehr stark berührten, haben wir erfolgreich aus unserem Bewusstsein verbannt. Das war zunächst notwendig, denn zu groß war der Schmerz, zu groß die Angst, genau diesem Schmerz erneut ausgeliefert zu sein.
So viel passiert in einem menschlichen Leben, was eine empfindsame Seele glaubt nicht aushalten zu können, und so bauen wir eine schützende Mauer um das, was uns bedroht.
Auch eigenes Fehlverhalten kann wehtun, besonders dann, wenn wir es nicht mehr rückgängig machen können. Wir möchten nicht mehr daran erinnert werden, das ist nur allzu menschlich.
In einer polaren Erfahrungswelt müssen wir lernen, uns auch negativen Erlebnissen zu stellen. Der Umgang mit diesen fällt uns

schwer, vieles verdrängen wir und bauen eine innere Welt auf, die bald bewohnt wird von Schattengeistern. Diese Geister sind zwar verborgen, aber sehr wohl lebendig. Zwar haben wir sie erfolgreich aus unserem Bewusstsein verbannt, aber auf der Ebene der Resonanz begegnen wir ihnen im Alltagsgeschehen. Menschen werden sehr oft zur Projektionsfläche unseres Schattens, der auf diese Weise in unser Bewusstsein einkehren will.
Unser Schmerz, unsere Angst, unsere Wut, unsere Ohnmacht sind nicht verloren gegangen.
Wenn uns die Heilung unserer Seele wirklich ein tiefes Bedürfnis ist, dann kommen wir nicht daran vorbei, uns diesen dunklen Räumen zuzuwenden und uns mit diesen Schattengeistern und inneren Dämonen auseinanderzusetzen. In dieser Auseinandersetzung und Aufarbeitung unserer Lebenserfahrungen erkennen wir auch, dass negative Gefühle ebenso ein Ausdruck des polar schwingenden Lebens sind. Wenn wir bereit sind, den Abstieg in unser Schattenreich zu wagen, ist damit zugleich die Chance verbunden, genau in dieser Begegnung mit dem Schatten zu wachsen, zu reifen, ja, heiler zu werden.
Wir sollten dem Schatten seine Macht nehmen, ihn in das Licht des Bewusstseins heben, damit wir neue Räume betreten können. Der Weg ist nicht leicht! Vielen Menschen fehlt leider der Mut und das tiefere Verständnis für die Zusammenhänge ihres gegenwärtigen Leidens. Diejenigen aber, die es wagen, in den dunklen Abgrund zu schauen, und sich auf das Sterben alter Ängste, Zweifel und Aggressionen einlassen und bereit sind für eine Transformation, gehen wie neugeboren aus diesem Prozess hervor. Die Auseinandersetzung mit den eigenen Grenzen, Verlusterfahrungen und Tod gehört mit zu den großen Aufgaben, die das Leben an uns stellt. Jeder von uns wird davon berührt. Es ist wahrlich nicht leicht, wenn Grenzerfahrungen uns tangieren und eine Aufarbeitung verlangen. In diesen besonders schweren Momenten des

Lebens verlieren wir sehr leicht die Kontrolle und erfahren sehr schmerzvoll den Zustand der Ohnmacht, wenn nämlich das Schicksal die Macht an sich gerissen hat.
Lillemor erinnerte sich gut an die Gespräche über das Schicksal mit Staffan im letzten Jahr. Sie hatte sehr wohl erkannt, dass schicksalhafte Prozesse uns nicht launenhaft befallen, sondern vielmehr eine tief greifende Wandlung einfordern und zunächst alte Strukturen machtvoll zerstören. Wenn wir uns mitten im Hades befinden, mag diese Erklärung sicher zynisch wirken. Dennoch, die Weisen und Weltenlehrer haben uns diese Botschaft hinterlassen. Lillemor wusste aus eigener Erfahrung, wie schwer es ist, wenn sicher geglaubte Lebensstrukturen einbrechen und man sich im Strudel schicksalhafter Ereignisse verlieren kann. Nur allzu selten kann man in diesen Zeiten den tieferen Sinn des Geschehens erahnen, schon gar nicht verstehen.
Oft verstehen wir erst viele Jahre später die Zusammenhänge.
Lässt man sich auf Transformation ein, bedarf es ohne Frage Vertrauen und Mut. Der Abstieg in die dunklen Räume unseres Bewusstseins belohnt uns mit Erkenntnis. Möglicherweise erkennen wir den Schatten unseres ungelebten Lebens, vielleicht die Niederlagen, unter denen wir leiden.
Vielleicht erkennen wir unser Leiden in einem Mangel unseres Selbstwertes, in Schuld, Versagen oder im Schmerz, den uns nahestehende Menschen zugefügt haben.
Ebenso kann es sein, dass wir noch einmal das Gefühl eigener Minderwertigkeit, einer Ohnmacht gleich erleben und den verzweifelten Versuch erkennen, dieser Ohnmacht auszuweichen, indem wir auf andere Macht ausgeübt haben. Vielleicht wird uns auch unsere Suggestionskraft bewusst, die wir angewandt haben, um andere Menschen in unserem Sinne zu manipulieren oder auch das wahre Gesicht unserer Partnerschaft, das von Leidenschaft, Eifersucht und Machtspielen gezeichnet ist.

Auf unserer Suche nach Liebe entdecken wir möglicherweise unser Verlangen nach Perfektion, weil wir in bestimmten Momenten in unserem Leben die Erfahrung gemacht haben, dass die Erfüllung der Erwartungen anderer uns Aufmerksamkeit und Zuwendung gesichert hat, was wir für Liebe gehalten haben.
Manchmal offenbart unser Schattenreich auch unsere Suche nach dem perfekten Menschen, einem Idol, dem wir gleichen wollen. Freiwillig und völlig unkritisch lassen wir uns auf diese Menschen ein, die wir auf einen Thron gesetzt haben, in der Hoffnung, dass diese uns zur Freiheit führen. Schmerzvoll werden wir erkennen müssen, das wir eher unfrei geworden sind.
Die Ursache unseres Leidens ist sehr vielschichtig und stets gebunden an Emotion. In diesen schmerzvollen Gefühlen sind wir in einer bestimmten Zeit unseres Lebens stecken geblieben und verharren in einer Niederlage. Diese Niederlage sollten wir überwinden. Mit dem Schwert des Mutes können wir die Bande durchtrennen, die unseren Schmerz und uns selbst am Abgrund der Verzweiflung festhalten wollen.
Wir haben die Kraft, uns dem Schatten zu stellen, und spüren sehr genau, wenn die Zeit dafür reif ist. Alle Gefühle gehören zu unserem Leben, denn in unserem menschlichen Dasein durchleben wir sowohl positive als auch negative Erfahrungen. Stellen wir uns unserem Schatten, ist dies stets eine Aufarbeitung der Vergangenheit, die unsere Gegenwart prägt. Gelingt uns die Aussöhnung mit unserer Vergangenheit, mit uns selbst und anderen, söhnen wir uns letztlich mit dem Leben selbst aus, das wir in vergangener Zeit als feindlich empfunden haben.
Dieser Weg in die inneren Räume belohnt uns nicht nur mit einer bemerkenswerten Erweiterung unseres Bewusstseins, sondern ebnet zugleich den Weg für neue Erfahrungen, die nunmehr frei von den Schatten der Vergangenheit in unser Leben eintreten wollen. Unser Leiden erinnert uns letztlich daran, das wir uns von der

Fülle des Lebens entfernt haben. Das Schicksal will vielleicht auch die Fesseln sprengen, die uns an die Vergangenheit binden. Es will uns aber auch zu unserer wahren Identität führen, die wir im Strudel des materiellen Lebens vergessen haben.
Die großen Weisen dieser Welt lehren, dass das Schicksal uns zur Ganzheit führen will. Heilung setzt die Erkenntnis voraus, dass Fremd- und Selbstzerstörung in die Dunkelheit führen. Nur wenn wir uns selbst überwinden, können wir über uns hinaus wachsen. Fanatismus, Perfektionismus, Ängste, falsche Glaubenssätze und seelische Wunden müssen losgelassen werden, dann siegen wir über uns selbst. Es lohnt sich, die krampfhafte Suche nach Idealen aufzugeben, stattdessen die Freude zu entdecken, jeden Tag einen kleinen Sieg über sich selbst davonzutragen.
Diese Kraft der eigenen Wandlungsfähigkeit zu erfahren und sie im täglichen Leben ohne Druck zu integrieren, kann tiefe Freude bereiten. Ja, es lohnt sich wahrlich in den dunklen Seelengrund hinabzusteigen und die Auseinandersetzung mit den Schattengeistern zu wagen, um im Ergebnis gleich einem Adler zu den geistigen Sphären des Erwachens aufzusteigen.

Auferstehung aus der Asche und geistige Wiedergeburt meinen doch letztlich die Erlangung des Bewusstseins über das Stirb und Werde allen Seins mit dem erhabenen Ziel, das Leben mit seinen Höhen und Tiefen zu lieben und nicht gram zu sein, wenn uns doch manchmal Zweifel plagen.
Innere Kämpfe, Prüfungen und das Schicksal gehören zu unserem Leben, das eine klare Ausrichtung hat und uns zu einem Verständnis der Einheit führen will.
Wir Menschen sind gegensätzlich wie das manifestierte Leben selbst. Licht und Schatten gehören zu unserem Sein. Doch gerade in dieser Gegensätzlichkeit unseres Wesens liegt unsere Kraft, die uns befähigt, wieder heil, wieder ganz zu werden.

Es gibt sowohl Schatten als auch Licht. Es gilt, den Schatten anzunehmen und dabei die Freude am Leben nicht zu vergessen.

9. KAPITEL

Auf den Flügeln unserer Sehnsucht

Längst hatte der Winter in Lappland Einkehr gehalten. Still und starr ruhten nun die Seen. Die zugefrorenen Flüsse lagen wie ein schweigender Strom in der weißen, verschneiten Landschaft. Das weiße Schneekleid wollte wohl den scheinbar ewigen Schlaf der floralen Natur bewachen. Große und kleine Schneeflocken, die Juwelen des Winters, tanzten den Reigen wonniger Freude. Das Licht der blauen Stunde legte sich wie ein magischer Schleier über die Landschaft.
Hier im Norden kann man im Winter das blaue Licht besonders intensiv und über lange Zeit sehen. Die niedrig stehende Sonne und der Schnee verstärken noch dieses mystische blaue Licht. Die Wintersonne und der Schnee locken hinaus ins Freie. Die klare Luft lässt die Gedanken frei werden.

Es war Adventszeit. Der in dichten Flocken fallende Schnee verwandelte Allavaare in eine Märchenwelt. Die Birken mit ihren beschneiten Ästen und Zweigen sahen wie filigrane Fabelwesen aus. Stolz und schön präsentierten sich die stattlichen hohen Fichten in ihrem glitzernden Kleid aus Schnee und Eis. Jede Familie hatte ihr Holzhäuschen weihnachtlich geschmückt. Stimmungsvoll leuchteten in den Fenstern rote Kerzen. Dieser zauberhaften Abendstimmung in der Zeit des Advents gab sich Lillemor mit allen Sinnen hin. Alles sah so festlich aus und ließ die menschlichen Herzen in froher Stimmung das baldige Fest der Heiligen Nacht erwarten.
Mit Mascha und Athaba ging sie hinaus in die abendliche Winterwelt. Schon am Nachmittag verspürte sie auf ihrer Haut ein Krib-

beln wie von elektrischer Ladung. Das war für sie ein sicheres Anzeichen für kommendes Polarlicht am nächtlichen Himmel. Ihr Sinn trog sie nicht. Kaum war sie mit ihren Hunden draußen, tanzte ein leuchtend grünes Nordlicht seinen uralten Tanz am Himmelsgewölbe. Wenn man in der Mittwinternacht dieses Naturschauspiel erleben darf, fehlen die Worte, die Faszination zu beschreiben.
Staffan hatte ihr einst die Sage über das Nordlicht erzählt: Schwäne wollen wissen, wer von ihnen am weitesten fliegen kann. Auf ihrem Flug nach Norden frieren sie in der Luft fest und schlagen mit den Flügeln, um sich zu befreien. Dabei erzeugen sie das tanzende Licht in seinen unglaublich schönen kosmischen Farben. Natürlich gab es auch eine rationale Erklärung. Aber in dieser Polarnacht war es für Lillemor einfach schöner, sich die Schwäne vorzustellen. Die Erinnerung an dieses Erleben begleitete sie in dieser Nacht in die Welt der Träume.

Am 13. Dezember feiert man in Schweden den Luciatag. Die Lichterkönigin, ursprünglich aus Sizilien kommend, erwacht jedes Jahr zu neuem Leben. Feierlich mit einer Lichterkrone auf dem Haupt besucht sie mit ihrem Gefolge die Menschen in sozialen Einrichtungen und erfreut diese mit ihrem Anblick und ihrem Gesang weihnachtlicher Lieder. An diesem Tag werden im ganzen Land Luciawecken gebacken.
Lillemor erwartete am Luciatag ihren Staffan. Endlich war das Wiedersehen nah. Die goldenen Sonnenstrahlen tauchten die schneebedeckten Wipfel der auf ihrem Grund wachsenden Fichten in ein gold-rosafarbenes Licht. Am Morgen hatte sie Plätzchen gebacken und der Duft nach weihnachtlichen Gewürzen erfüllte noch immer den Raum. Nun war er da, ihr Staffan, den sie zu einem Adventnachmittag eingeladen hatte. Das wärmende Feuer im Kamin schenkte ihnen Behaglichkeit und Räucherkerzen, die

einen Duft von Weihrauch und Myrrhe verströmten, ergänzten stimmungsvoll das Ambiente in ihrem Zimmer. Ein großes Panoramafenster gab den Blick frei auf die verwunschen aussehende Winterwelt im blauen Licht.
Beide gaben sich, wie schon so oft, ganz bewusst der Stimmung hin, die dieser Anblick ihnen vermittelte. Bei Kaffee und Plätzchen genossen sie die blaue Stunde, die gegen 15 Uhr von der hereinbrechenden Dunkelheit abgelöst wurde.
Nur ein kleines rotes Kerzenlicht brannte auf ihrem Tisch und der helle Schein der im Kamin brennenden Birkenholzscheite ließ den kleinen Raum in einem romantischen Licht erstrahlen. Staffan schaute in das offene Feuer und sprach: »Die Natur hat den Tod, die Schwelle in eine andere Dimension, überschritten. Im Schoß der Erde ruht nun das neu Werdende, das in wenigen Monaten erwachen will. Das spätere sichtbare äußere Wachstum erfolgt auf einer nun stattfindenden inneren Ausdehnung. In Raum und Zeit offenbart sich die zur Form gewordene Schöpfung. Anfang und Ende bestimmen jeden Schöpfungsakt. Der Tod der Form ist vorbestimmt, doch der Inhalt, die göttliche Energie bleibt ewig über Raum und Zeit hinaus. Der Herbst brachte den Tod, die Auflösung der Form. Nun stehen wir an der Schwelle zum Winter.
Diese Jahreszeit lädt uns Menschen ein, unsere Gedanken in die höheren Ebenen des Seins auf Reisen zu schicken, denn es ist auch für uns wichtig, uns innerlich auszudehnen. Die Seele sehnt sich nach Weite und Grenzenlosigkeit. Lass uns doch in dieser schönen Stunde des Tages über diese Sehnsucht unserer Seele philosophieren, liebe Lillemor.
Viele Menschen haben sich von Gott getrennt, aber nur in ihrem Bewusstsein. In Wirklichkeit gibt es keine Trennung. Das Göttliche ist in uns allgegenwärtig, ist die Ursache unseres Sein. Und so steht uns auch das Tor zur universellen Weisheit offen, sofern wir es mit einem Bewusstsein, das über das reine rationale

Verstehen hinausgeht, durchschreiten wollen. Die in unserer Seele fest verwurzelte Sehnsucht nach dem Erhabenen, Größeren, Göttlichen, findet in unserer menschlichen Natur unterschiedliche Formen des Ausdrucks. Oftmals verspüren wir das Bedürfnis, dem Alltag zu entfliehen. Der Alltag, der uns einengt und auf konkrete Angelegenheiten fixiert, erweckt unser Verlangen nach Weite. Ja, wir wollen uns über das einengende Alltagsbewusstsein erheben, suchen neue Horizonte, die uns beflügeln, begeistern und Freiheit erleben lassen.

Reisen in ferne Länder, das Kennenlernen anderer Kulturen kann diese Sehnsucht nach Weite stillen. Aber auch die inneren Reisen über Meditationen können uns zu neuen Welten führen. Letztendlich führen uns aber Religion, Philosophie und Metaphysik in abstrakte Bereiche, die uns eine Fülle verheißen, die von geistiger Natur ist.

Menschen, die sich vom Spirit tief berühren lassen, erkennen die geistige Bestimmung ihres Lebens, die sie nunmehr in reiner Klarheit als Berufung verwirklichen können. Ihre Lebensgestaltung wird von spirituellen Impulsen getragen, denn sie haben die materielle Welt mit ihren Verlockungen und ihrer Endlichkeit in Raum und Zeit durchschaut. Diese Menschen sind auf dem Weg, geistiger Schöpfer ihres Lebens zu werden.

Auf ihrem Aufstieg zu geistiger Erkenntnis steigen sie viele Stufen hinauf und lassen dabei viele Menschen zurück, die ihnen nun nicht mehr folgen können. Sie sind nun einsam unter vielen. Doch dieser erhabene Weg kann nur gut gelingen, wenn wir fest und sicher im Alltagsbewusstsein verankert sind und unsere materiellen Aufgaben erfüllen. Es gilt: Sowohl-als-auch. Die Krone eines Baumes kann nur mächtig werden, wenn sie auf ein gut fundiertes Wurzelwerk bauen kann. Eine uns erdende Struktur im alltäglichen Leben ist somit die Basis für unseren Weg in die Weite.

Viele Menschen tragen in sich eine Ahnung über die tieferen

Zusammenhänge unseres Daseins. Unsere Lebenserfahrungen führen letztlich dazu, dass jeder Mensch zu seiner eigenen Lebensphilosophie findet. In dieser Sinnsuche kann man sich dem materiellen Pol nähern, aber auch dem geistigen Pol des Verständnisses des Lebens. Meine Gedanken möchte ich dem geistigen Pol widmen.

Philosophie ist der Raum des abstrakten Denkens und in diesem abstrakten Raum nähert man sich der Intuition, die nach meinem Verständnis kosmische Weisheit ist. Größere Zusammenhänge des Lebens zu erfassen ist uns als Aufgabe ebenso in die Wiege gelegt worden wie die Bewältigung des Alltags mit unseren rationalen und logischen Verstandeskräften. Der Weg zum abstrakten Denken führt, du wirst dich erinnern, liebe Lillemor, über die Entwicklung von Toleranz.

Jede Religion basiert auf einem zutiefst spirituellen abstrakten Kern und offenbart uns Menschen damit die Nähe des Göttlichen, die wir in uns tragen und als Ahnung erfahren, die unsterblich ist. Diese Ahnung des Göttlichen lässt uns den Blick zum Geist richten und wir Menschen suchen die höhere Sonne, die uns Grenzen überwinden und neue Horizonte entdecken lässt. Diese Suche sollte wahrlich von Toleranz getragen sein. Dabei sollten wir uns nicht auf einen einzigen Glauben beschränken, denn die Gottheit ist zu groß. In unserem Herzen sollten wir offen sein für alle Wege, die uns dem Göttlichen näherbringen. Gott offenbart sich in seiner Schöpfung in der Vielfalt der Formen. So ist doch eine Vielfalt der Wege, die zu unserem Schöpfer führen, doch nur allzu verständlich. Alle Wege haben ihren Sinn, ihre Bedeutung und Berechtigung. Der Weg ist das Ziel.

In diesem Bewusstsein schaffen wir die Voraussetzungen für Rechtschaffenheit, Gerechtigkeit, Weitsicht, Großzügigkeit, Freiheit, Unabhängigkeit, Wachstum und wahre Geistigkeit.

Dann sind wir Menschen frei von Moralismus, Rechthaberei und

Fanatismus, finden zu unserer Religio, die uns den Sinn unseres Daseins erkennen und mit Leichtigkeit und Heiterkeit unser Leben gestalten lässt.«

10. KAPITEL

Gipfelerfahrung

Das Fest der geweihten Heiligen Nacht ist der Höhepunkt der dunklen Zeit. Die längste Nacht zur Wintersonnenwende verheißt die Wiedergeburt des Sonnenlichts. Am 21. Dezember beginnt die große Umkehr: Die Dunkelheit ist gebannt und mit dem Aufstieg des Lichts beginnt ein neuer Zyklus.
Die Wintersonnenwende ist ein Fest des Lichtes und der hoffnungsschwangeren Freude. Der tiefste, dunkelste Tag bringt die Wende, die Umkehr.
Ist dies nicht auch für uns Menschen zutreffend? Wenn schwarze Schatten sich furchterregend über unser Leben legen, vertrauen wir nicht auch auf das wiederkehrende Licht?

Lillemors Haus war innen und außen weihnachtlich geschmückt. Die Eingangstür zierte ein schlicht geschmückter Adventskranz. Seine Kreisform steht für die ewigen Zyklen der Natur mit ihrem Anfang und ihrem Ende. Immergrüne Fichtenzweige symbolisieren das immerwährende Leben, den Mythos von Tod und Wiedergeburt.
Weiße, gelbe, goldene und rote Sterne leuchteten in den Fenstern und schickten ihr wärmendes Licht hinaus in die verschneite Natur. In der stimmungsvollen Zeit kehren in Lappland Stille und Ursprünglichkeit ein. Väterchen Frost schwingt an so manchem Tag kräftig sein Zepter aus Eis und lässt den Frost ein klirrendes Liedlein singen.
In den winterlichen Nächten funkeln die Sterne übergroß am dunklen, klaren nördlichen Himmel.

Ganz mit sich allein wollte Lillemor das Fest der Wintersonnenwende feiern.
Ein herrlich würziger Hauch nach Zimt, Nelken und Kardamom erfüllte die Luft. Im Backofen verströmten Bratäpfel, gefüllt mit Feigen, Nüssen und Mandeln und getränkt mit Apfelsinensaft und Amaretto, einen verlockenden Duft. Der Weihnachtskaktus im Kaminzimmer öffnete seine karminroten Blüten zur rechten Zeit.
In einem kristallklaren Sonnenuntergang badete die arktische Landschaft in einem fast unwirklichen roten Licht, dem ein zunächst kobaltblauer, dann ein türkisblauer und zuletzt ein violetter Schimmer folgten. »Welch magische Lapplandnacht will sich hier ankündigen«, dachte Lillemor bei diesem Erschauen.
Ein letztes Sonnenlichtflimmern am Firmament gab den Mond frei als den nun folgenden kristallklaren Quell des Lichts in der Nacht und es schien, als wolle er den Weg durch die Dunkelheit zu den Flammen der Weisheit beleuchten, die sehnsuchtsvoll unsere Gedanken erhellen wollen.
Will die Wiedergeburt des Lichts zur Wintersonnenwende nicht auch uns Menschen an unser inneres Licht erinnern, damit es kraftvoll zu einem Licht für andere Menschen wird und mit seiner Wärme sie berührt und nährt?

Als es draußen dämmerte und die blaue Stunde nahte, zündete Lillemor vier Kerzen an. Der Rauch von Räucherkerzen umfing sie und ließ sie in die Stille gehen. Im hellen Kerzenschimmer nahm sie in ihren Gedanken Abschied von dem in wenigen Tagen zu Ende gehenden Jahr und dachte an jene Menschen, denen sie aus tiefstem Herzen dankbar war.
Die geheimnisumwitterten, dunklen Raunächte wollen aber auch an ein Besinnen auf die Menschen erinnern, die heimgegangen sind in das Reich des Geistes. So gedachte Lillemor auch ihres

geliebten Vaters. Sie erinnerte sich an die schönen Momente, in denen er für sie das wärmende Licht war.

Die Körper der Verstorbenen ruhen still in den Gräbern, aber der Geist ist unsterblich, ist uns nah, wenn wir es zulassen.

Sie betrachtete die immergrünen Fichtenzweige in ihrem Tonkrug, welche die frohe Botschaft der Hoffnung und die Gewissheit der Beständigkeit symbolisierten. Diese verheißene Hoffnung auf Wiedergeburt und neues Erwachen hatte in ihrer Seele längst Einzug gehalten.

Besinnlichkeit war für Lillemor in der Weihnachtszeit wieder bedeutend geworden. Kommerz und Völlerei an Weihnachten hatte sie schon viele Jahre aus ihrem Leben verbannt. Viel zu sehr berührte sie die tiefere geistige Botschaft dieser Tage.

Die mit Raureif verzierten Zweige der Birken und Ebereschen wollten wohl ebenfalls in ehrfurchtsvoller Besinnung daran erinnern, dass das Fest der Heiligen Nacht ein zutiefst spirituelles ist. Das florale Leben, das sich in die kalte, dunkle Erde zurückgezogen hatte, überantwortete sich einem vertrauensvollen Beharren. Die Natur war bereit für einen langen Winterschlaf und reduzierte ihre Kraft auf das Notwendige und Wesentliche. Konzentration, Beharrung und Grenzsetzung – diese Eigenschaften offenbarte die Natur in der Zeit des tiefsten Winters. Sind diese Kräfte nicht auch in unserem Wesen präsent? Ja, sie sind es. Alles ist in allem enthalten. Die Kräfte der Weltseele sind auch in unserer Seele immanent.

Wir Menschen lernen mit Bedachtsamkeit und Konzentration unsere Aufgaben zu erfüllen. Das materielle Leben erfahren wir eben auch als Pflicht, die mit Selbstdisziplin einhergeht. Oftmals müssen wir uns dabei auf das Notwendige und Wesentliche konzentrieren und lernen dabei auch unsere Grenzen kennen, die ein Akzeptieren realer Bedingungen verlangen. Das Leben konfrontiert uns mit Aufgaben, Verpflichtungen und Prüfungen. Hier gilt es, wahrlich die Kräfte zu konzentrieren, sich zu disziplinieren, Geduld aufzubringen, Wirklichkeitssinn, Ernsthaftigkeit und Gründlichkeit zu entwickeln. Beflügelnder Ehrgeiz, ein ausdauernder Wille, Durchhaltevermögen und Ausdauer sind Voraussetzungen für die Bewältigung unserer Aufgaben und Ziele, die uns die gewünschte Anerkennung und Ehrung im gesellschaftlichen Leben bescheren lassen.

Die Reduktion und die Konzentration unserer Kräfte auf das Wesentliche und das Erfassen des Ganzen lassen uns im materiellen Leben so manchen Gipfel erklimmen. Dabei sollen wir lernen, im Sinne einer Gemeinschaft verantwortungsvoll zu handeln. Die persönliche freie Entfaltung darf nicht ungebremst alleinigen egoistischen Ambitionen folgen und dem sozialen Ganzen schaden. Das Leben selbst korrigiert, wenn das Sowohl-als-auch verletzt wird.

Unbestritten begegnen wir hier dem Ernst des Lebens, der so weit von der Leichtigkeit des Seins entfernt zu sein scheint. Genau in dieser Polarität lauern auf uns so manche Gefahren. Überwiegt die Ernsthaftigkeit, empfinden wir möglicherweise das Leben als einen Platz, der uns stets kämpfen und nur mit größter Anstrengung Hindernisse überwinden lässt.

Wird ein Kind in eine Familie hineingeboren, die in diesem Pol der ernsthaften Pflichterfüllung verhaftet ist, ist das Kind bereits ohne Kindheit, denn der Raum einer kindlichen Verspieltheit wird schwer zu finden sein. Der Schwere des Lebens begegnet man dann sehr früh und zugleich der Angst, genau an dieser Schwere zu ersticken. Dabei sehnen wir uns doch nach Leichtigkeit. Scheint sie unerreichbar, drohen wir gefühlsmäßig zu erstarren. In dieser Erstarrung gefriert der Zugang zu unserem seelischen empfindenden Potenzial. Vielleicht spüren wir uns nur noch, wenn uns Anerkennung, Ehre und Würde zuteil werden als Frucht unserer ernsthaften Bemühungen, den geforderten Aufgaben gerecht geworden zu sein. Dafür zahlen wir einen hohen Preis. Natürlich ist das Anerkennen unserer Leistung wichtig. Auszeichnungen, Ehrungen und Würdigungen haben ihren gerechtfertigten Platz, wenn wir für sie nicht unser Leben vergessen und unsere Gefühle! Sicher, das Leben stellt uns Aufgaben, in die wir uns ernsthaft einbringen müssen. Ohne Frage sollen wir nicht als Traumtänzer durch unser Leben wandeln. Dem Leben jedoch mit Angst, Verbitterung, Verhärtung und allzu großer Ernsthaftigkeit zu begegnen, ist sicherlich auch nicht gemeint und gewollt. Gerade das berufliche Leben verlangt die Konzentration auf eine wesentliche Leistung und die Einsicht in die Notwendigkeit, das zu tun, was getan werden muss.

Das Gleichgewicht können wir finden, wenn wir uns an die Leichtigkeit erinnern und Wege suchen und finden, diese in unserem Leben wieder einzuladen. Ja zu sagen zu unserem Leben, das doch so viel Schönes für uns bereithält, darf sich doch nicht auf den Beruf und öffentliches Wirken beschränken! So viele andere Bereiche des Lebens laden uns doch gleichermaßen ein, hier Mensch zu sein und sich als das Wesen zu fühlen, das eine zutiefst empfindende Seele hat, die sich nach Freude, Leichtigkeit, Frohsinn, Spaß, Mitgefühl, Familie, Partnerschaft und Mütterlichkeit sehnt.

Das sind die Dinge, die einen Ausgleich zur Härte gewährleisten. Den geistigen Gipfel erreichen wir, wenn wir klar und still geworden erkennen, dass unser individuelles Leben eingebunden ist in einem viel, viel größeren, allumfassenderen Leben, das durch uns zum Ausdruck kommen will. Gipfelerfahrung meint genau diese geistige Klarheit, die Hinwendung zum göttlichen Licht, das geistige Erwachen unserer höheren Natur.

11. KAPITEL

Freude schöner Götterfunken

Das Jahr war erst wenige Wochen alt. Das Licht der aufsteigenden Sonne hatte merklich zugenommen. Zu Lichtmess, am 2. Februar, endet die dunkle Zeit, die am Allerseelenfest Anfang November begann. Die Mitte der Winterzeit war erreicht. Lillemor freute sich jedes Jahr auf diesen besonderen Tag und feierte auf ihre Art und Weise die nun beständig wachsende Kraft des Sonnenlichts. Die Natur bereitete den Beginn des Frühlings vor. Noch lag sie in einem Schlaf, stand aber kurz vor dem Aufwachen. Die regenerierten Kräfte sammelten sich, denn das sich neu manifestierende Leben kam langsam, wenn auch noch im Verborgenen, in den Fluss. In den Bäumen begannen die Säfte zu steigen.

Der Frühstückstisch war lieblich anzuschauen. Die Tischdecke war in Weiß gewählt. Die Farbe Weiß ist zu Lichtmess das Sinnbild für das noch nicht offenbarte Leben. In einer Glasvase schmückten eine weiße Lilie, eingebunden in frischem Fichtengrün als Träger der Hoffnung, die Mitte des Tisches. Weißes Geschirr, weiße Servietten und eine weiße Kerze vervollständigten die Symbolik des alten, leider für viele Menschen in Vergessenheit geratenen, schönen Winterfestes.
Lillemor schaute aus ihrem Fenster und sah bei ihrem Frühstück den Vögeln zu, die das große Vogelhaus umschwirrten. Besonders die Dompfaffen mit ihrem orangefarben gefiederten Bäuchlein und der schwarzen Haube auf dem Köpflein waren überaus hübsch anzusehen.
Plötzlich bemerkte sie am blauen Winterhimmel den Vogelflug der schwarzbraunen Birkhühner, der sie jedes Mal neu beein-

druckte. Die Fichten auf ihrem Grund präsentierten sich in einem weißen filigranen Kleid aus Schnee und die knorrigen Äste und Zweige des Fliederbusches zeigten sich in einem winterlichen Gewand.
Ein stimmungsvoller Sonnenaufgang hatte in den frühen Morgenstunden den neu erwachenden Tag begleitet. Die Sonne, die zu Lichtmess verkündet, dass sie bald zu ihrer Stärke zurückkehren wird, lud Lillemor ein hinauszugehen, um auf einem langen Spaziergang die Weite und die Stille, ja das Leben zwischen Schnee und farbigem Himmel zu genießen.
Auf der weißen Winterdecke glitzerten Millionen Schneekristalle. In klarer und gläserner Durchsichtigkeit lag die weite Winterlandschaft Lapplands vor ihr. Sie liebte den nordischen Winter, die Zeit der märchenhaft funkelnden Polarlichter und die nächtlichen Schneewanderungen unter ihrem grünen, roten, gelben und violetten Schimmer. Die Schlittenfahrten über die stillen, weiten, verschneiten Landschaften mit ihren Huskys Mascha und Athaba im Gespann blieben unvergesslich.
Nun war der Frühling nicht mehr weit. Schon in wenigen Monaten würde sie durch ihren hellen, sonnendurchfluteten Birkenhain wandeln können. Die Birke, der erste im Frühling im neuen Blätterkleid erwachende Baum, symbolisiert die Wiedergeburt. Ja, es kündigte sich eine neue schöpferische Zeit an. Unbestritten war dies eine Zeit der Wandlung, der Wende und der Neuorientierung, der Zukunft zugewandt.
Neuerung, Reformierung und Umgestaltung sind Ausdruck eines Lebens, das stets dynamisch ist.
Es gibt in der Evolution keinen Stillstand. Auch wir Menschen streben nach neuen Horizonten der Erkenntnis und haben unseren Erfindungsgeist überaus erfolgreich in Wissenschaft und Technik unter Beweis gestellt, Hervorragendes geleistet. Dieses Streben nach Neuem geht mit dem Wagnis einher, Gesichertes aufzuge-

ben, um Neuland betreten zu können. Ja, es gehört zum Ausdruck unseres Lebens, eigene ungewöhnliche Wege zu gehen, um uns selbst zu entdecken, zu erproben und zu finden. Wandlung und Reformierung meint in diesem Sinne nicht nur das äußere Leben, das in gesellschaftlichen Strukturen eingebettet ist, sondern auch unser individuelles Leben.

Um neue Pfade beschreiten zu können, brauchen wir Freiheit. Einengung ist dann kaum zu ertragen.

Zweifellos brauchen wir auch Mut, denn einen ungewöhnlichen Weg zu gehen bedeutet, den Weg der Masse zu verlassen. Der Ruf nach neuen Horizonten muss kraftvoll sein, wenn wir am Widerstand der Masse, die unseren Drang nicht nachvollziehen kann, nicht scheitern wollen. Die Kraft, den Durchbruch zu neuen Ufern des Lebens zu wagen, ist uns grundsätzlich gegeben.

Oftmals können wir ganz spontan mit großer Energie unsere Ideen und genialen Einfälle verwirklichen. Das Verlangen nach neuen, tieferen Erkenntnissen, sowohl in der Wissenschaft als auch auf dem geistigen Erkenntnisweg, ist gottgegeben und mündet in der Umsetzung in einem enormen Wachstum unseres Wissensschatzes. Neue, oftmals bahnbrechende Erfindungen spiegeln den zu neuen Ufern bereiten Zeitgeist aller Epochen.

Sind wir auf der Suche nach universeller Weisheit, streben wir sozusagen auch an ein neues Ufer.

Das Bedürfnis, das Leben von einer geistigen Seite her verstehen zu wollen, öffnet uns den Zugang zur Intuition, dem kosmischen Wissen. Intuition, so sagen die Weisen und Weltenlehrer, ist die Kraft der Wahrnehmung, die sofort die Wahrheit über alle Dinge weiß. Sie vermittelt uns auf eine unglaubliche und faszinierende Art und Weise den Zugang zu direkter Erkenntnis, ohne dass es einer rationalen Erklärung bedarf. Intuition beruht auf einem unmittelbaren und untrüglichem Wissen. Erkenntnisse, gewonnen durch Intuition, sind wahr.

Letztlich verbindet sich in unserem geistigen Erkenntnisdrang die Suche nach dem wahren Menschsein, die uns erkennen lässt, dass wir in einem höheren Sinne menschliche Brüder und Schwestern sind. Gleichheit, Freiheit und Brüderlichkeit werden nun auf eine neue Bewusstseinsstufe gehoben mit dem Ziel, diese geistige Bruderschaft in einem Dienen an den Menschen, der Natur, ja der ganzen Welt zu verwirklichen.
Das Wasser des Lebens meint in einem geistigen Verständnis das Herabfließen des schöpferischen Geistes zur Erweckung jener Macht, unsere Kraft im Dienst des Ganzen einzusetzen. Die Probleme in unserer Welt mahnen eindringlich, uns daran zu erinnern. Das mit diesem geistigen Erwachen einhergehende Menschenbild wird von Freiheit, Gleichheit und Brüderlichkeit getragen. In diesem Bewusstsein sind wir dann die Fürsprecher der Unterdrückten, denen diese Rechte noch nicht zugesprochen wurden. In uns selbst zentriert und ruhend, unterscheiden wir das Wesentliche vom Unwesentlichen. Wir verlieren den unterwürfigen Respekt vor Autoritäten, weil wir nun in einem gesunden Selbstwert verankert sind und uns an unserer eigenen sonnenhaften Autorität erfreuen können. Nunmehr können wir souverän mit Autorität umgehen.

Auf unserem Weg, uns selbst zu finden, sind wir manchmal sehr einsam. Schritt halten mit der Masse können wir nicht mehr, wollen es auch gar nicht. Mit der damit einhergehenden Außenseiterrolle ist nicht immer leicht umzugehen. Höhen und Tiefen sind auch hier unsere Weggefährten. Bleiben wir uns jedoch selbst treu und folgen diszipliniert unserem inneren Ruf, verbindet sich damit die Chance, in einem neuen Bewusstsein zu erwachen, dass uns nun wieder hineinführt in die Menschengruppe und uns freudig zu einem Diener unserer Mitmenschen werden lässt.

Lillemor kehrte am späten Nachmittag zurück. Sie freute sich nun auf eine Tasse heißen Tee.
Sie setzte sich in ihren Sessel, kuschelte sich in ihre Decke und schaute zum Kamin, in dem das Birkenholz loderte. Was gibt es denn Schöneres, als sich wohlig am knisternden Kaminfeuer zu wärmen, dachte sie bei diesem Anblick.

12. Kapitel

Halleluja

Ende Februar besuchte Lillemor ihren lieben alten Freund Staffan. Er begrüßte sie mit einer herzlichen und innigen Umarmung. »Ich freue mich über dein Kommen. Lass uns Kaffee trinken. Der Tisch ist bereits gedeckt«, sagte Staffan. Die Freude über ihren Besuch war Staffan anzusehen und es berührte Lillemor sehr.

Sie saßen direkt am Fenster und schauten hinaus in die Landschaft, welche die Sonne in ein gleißendes Licht tauchte. Es war so hell, dass man fast geblendet wurde. »Die dunkle Zeit liegt schon einige Wochen hinter uns, Lillemor«, und er sprach weiter: »Die Natur steht kurz vor dem Beginn eines neuen Zyklus. Noch verweilt sie in Beharrung, muss noch warten, bis sie sich auf ihre Berufung besinnen und diese erfüllen kann. Es ist eine Art letzte Ruhezeit vor dem Erwachen des Frühlings. Die Natur steht an der Schwelle zu einem neuen Leben, das sich in neuer Form offenbaren will. Das neue Werden ist im Kommen. Ja, das sind die Kräfte des Lebens: das Werden, das Wachsen, das Erblühen, das Vergehen, das ewige Stirb und Werde.«

»Stehen wir Menschen nicht auch an der Schwelle zu einem neuen Erwachen, wenn ein Lebenszyklus zu Ende gegangen ist?«, fragte Lillemor. »Das wirkliche und wahre Erwachen ist sehr umfassend«, war die Antwort Staffans.

»Kannst du mir dieses Erwachen erklären?«, fragte Lillemor.

Und Staffan sprach: »Mahatma Gandhi sagte einmal, dass wir selbst die Veränderung sein müssen, die wir in der Welt sehen wollen. Geht ein Zyklus zu Ende, heißt es, Bilanz zu ziehen. Hinter uns liegt die Vergangenheit, der wir mutig begegnen sollten. Das

Dunkel der Vergangenheit gilt es zu bannen. Wir sollten uns aus dem Netz schmerzhafter vergangener Erfahrungen befreien. Gelingt es uns nicht, bleiben wir der Vergangenheit verhaftet. Die Unfähigkeit, seelischen Schmerz nicht loslassen zu können, muss überwunden werden. Wir sollten anderen Menschen und uns selbst verzeihen und die Maske des Stolzes ablegen. Wenn wir vergeben, befreien wir uns selbst und quälen uns nicht länger. Die Vergebung ist ein wichtiger Schritt auf dem Weg zur Heilung. Jesus mahnte uns, uns mit unserem Bruder zu versöhnen, bevor die Sonne untergeht. Die Vergebung und Aussöhnung sollte also vor dem Sonnenuntergang, der das physische Lebensende, den Tod meint, erfolgen. Ansonsten muss das Gesetz des Karma einen Ausgleich einfordern.

Bemühen wir uns, den tieferen Sinn unserer Lebenserfahrungen zu verstehen, öffnen wir uns der heilsamen Transformation und schenken der Zukunft Glauben und Vertrauen. Ebenso ist es wichtig, Täuschungen und Illusionen zu erkennen. Manchmal bauen wir Menschen uns eine Welt der Illusion, weil wir glauben, mit der realen und harten Welt nicht zurechtzukommen und ihr entfliehen wollen. Oftmals sind die Fluchthelfer Alkohol und Drogen. Wenn wir uns dem realen Leben verweigern, öffnen wir das Tor für Fremdbestimmung. Wir sind wie die Fahne im Wind, völlig ohne Orientierung. Da jede Verankerung im Leben fehlt, werden wir leicht zum Spielball der Umstände. Nein! Dieser Lähmung müssen wir entkommen und uns unsere Scheinwelt bewusst machen. Wir dürfen uns nicht davonstehlen! Das Vertrauen in das Leben gewinnen wir nur, wenn wir diesem mit Vertrauen begegnen und uns auf seine Herausforderungen einlassen. Pflichten verlangen aufmerksames und konzentriertes Handeln. Persönliches Wachstum erzielen wir über aktives Handeln. Mit unseren mentalen Kräften und unserem schöpferischen Potenzial können wir Probleme lösen. Trägheit muss ebenfalls überwunden werden, nur dann wird unsere Willenskraft gestärkt. Viele Menschen fassen ihr Leben lang Vorsätze, nur dass sie diese nie verwirklichen. Eine schwache Willenskraft lässt sie in die Tiefe der Selbstverachtung versinken. Nein! Das darf nicht sein. Unsere Kraft erwecken wir, wenn wir schlechte Gewohnheiten überwinden. Wir alle sind Träger jener Kraft, die uns Leid ertragen, überwinden und so manche Prüfung in der Lebensschule bestehen lässt.

Befreien wir uns von konditionierten Gedanken und Gefühlen, finden wir zu einer Freiheit, die nicht eine Freiheit von den Umständen meint, sondern eine Freiheit von den seelischen Fesseln. Wir Menschen erwachen, wenn wir das Bedürfnis verspüren, ein reines Leben führen zu wollen.«

»Was verstehst du unter einem reinen Leben?«, wollte Lillemor erfahren und Staffan sprach: »Ein reines Leben zu führen bezieht sich auf unseren Körper und auf unsere Seele. Die Erfüllung der Bedürfnisse unseres Körpers ist ein wichtiges Anliegen. Er benötigt eine vitale, gesunde Ernährung, ausreichend Schlaf und Bewegung in reiner Luft. Unsere Seele ist rein, wenn sie von Erkenntnis, Liebe und Freude erfüllt ist. Es ist wichtig zu lernen, das Unreine vom Reinen zu unterscheiden. Das Reine stärkt uns und lässt uns heiler werden.

Auch ist es wichtig, auf die Reinheit unserer Worte zu achten. So sollten wir die Neigung überwinden, uns an Klatsch zu erfreuen. Uns muss klar sein, dass wir mit übler Nachrede anderen Schaden zufügen. Viele Menschen richten mit schamloser Freude über andere, können aber selbst mit Kritik nicht umgehen. Unsere Worte haben eine große Macht und können einen Feuersturm auslösen, der nicht mehr zu beherrschen ist.

Hören wir nicht alle gern ein freundliches Wort? Erfreuen wir uns nicht alle an einem Lächeln, das uns der andere schenkt? Sind wir nicht froh, wenn man uns nicht mit Scheinheiligkeit begegnet? Ist

es nicht Balsam für unsere Seele, wenn wir vertrauen dürfen und unser Vertrauen nicht missbraucht wird? Wir brauchen unbedingt Vertrauen! Es ist unentbehrlich. Fehlt es uns, werden wir misstrauisch, argwöhnisch und verschließen uns. Doch das Leben braucht Vertrauen, um fließen zu können. Auch wenn wir alle die Erfahrung des Missbrauchs unseres Vertrauens in uns tragen, ist es doch besser, immer wieder neu zu vertrauen, als im Argwohn verhaftet zu bleiben.
Ein reines Leben zu führen bedeutet auch, der Wahrheit verpflichtet zu sein. Oftmals meinen wir, andere mit dem Aussprechen der Wahrheit zu verletzen. Doch das ist eine falsch verstandene Rücksichtnahme. Wachstum erfordert das ehrliche Anschauen der Dinge, die schiefgelaufen sind. Das, was zu sagen ist, sollte wahr sein. Aber nicht alles, was wahr ist, muss gesagt werden. Wenn wir uns in den anderen einfühlen, erspüren wir, mit wie viel Wahrheit er situativ umgehen kann.
Letztlich ist das reine Leben die Bedingung für ein geistiges Leben. Viele Menschen stehen an der Schwelle, ein geistiges Leben zu führen.«
»Bitte erkläre mir, was du darunter verstehst«, bat Lillemor.
Staffan antwortete: »Jesus sprach davon, dass er der Weg, die Wahrheit und das Leben sei. Der Weg ist der Pfad der Weisheit, der uns zu der Erkenntnis führt, das unser Wesen aus zwei Polen besteht. Der eine Pol ist die Persönlichkeit (Körper und Seele), die durch Geburt und Tod, Ausdruck der Polarität, begrenzt ist. Der andere Pol ist die göttliche Natur des Menschen, jenseits der Polarität, deshalb unsterblich und unbegrenzt.
Das ewige Leben meint schließlich nicht das Leben in einem Körper mit Anfang und Ende.

Gott, der reine Geist, die Flamme, ist in der Schöpfung zum Menschen geworden.

Wir Menschen tragen einen göttlichen Funken in unserem Wesen, sind aber nicht die Flamme.
Der reine Geist ist die Quelle allen Lebens. Der reine Geist ist Allmacht. Keinem außer diesem allmächtigen Geist, dieser nicht fassbaren kosmischen Intelligenz ist es gelungen, Leben zu erschaffen! Wir Menschen sind nur Übermittler des Lebens.
Der reine Geist, den wir in unserem Kulturkreis als Gottvater bezeichnen, ist die Quelle allen Seins, das ist die Wahrheit. Aus dieser Quelle sprudelt das Leben. Suchen wir diese heilige Quelle, dann öffnet sich das Tor zu einem höheren Bewusstsein.
Das Begrenzte, die Persönlichkeit, in Raum und Zeit verhaftet, kann das Unbegrenzte, den Geist, nicht erfassen. Solange der Funken von der Flamme getrennt ist, kennt er die Flamme nicht. Geht er in die Flamme ein, wird er zur Flamme. Solange wir in unserem Bewusstsein von Gott getrennt sind, können wir unsere göttliche Natur nicht erfassen.
Dafür müssen wir die Identifikation mit der körperlichen Form überwinden. Meditation ist der Weg, die Fesseln dieser Identifikation zu lösen und zu überwinden, denn sie begrenzt uns.
Meditation ist das Tor zur inneren Stille, jener Stille, die uns einer heiligen Schwingung gleich in die Transzendenz führt und die Kraft und Präsenz des Geistes erfahren lässt. Gott zu erfahren und zu erkennen, ist Ziel der Meditation.
Das Tor zum Geist führt über Kontemplation und Meditation zur Intuition, der kosmischen Weisheit. Das Bewusstsein kann aber nicht ewig in Transzendenz verweilen, sondern muss gleichsam einer Pendelbewegung von diesem Gipfel intuitiver Erkenntnis zurückschwingen, denn dieses Erkennen will im Alltagsleben umgesetzt werden.
Die Suche nach Gott entbindet uns nicht von unseren Aufgaben im Leben, befreit uns auch nicht von Karma. Gott nah zu sein in der Meditation, aber auch dem alltäglichen Leben und den Menschen

nah zu sein, ist die Polarität, die ein Ausdruck des schwingenden Lebens ist.

Im Einklang mit dem Leben zu sein, bedeutet ein geistiges Leben zu führen und täglich die Kraft aus der göttlichen Quelle für unsere Aufgaben zu schöpfen. Dann wird Gott zu dem Fels, auf den wir bauen. Es bedeutet nicht, dass sich Schwierigkeiten in Luft auflösen, vielmehr erkennen wir den tieferen Sinn.
Das Leben können wir mit allen Sinnen genießen, ohne diesen oder der materiellen Welt verhaftet zu sein. Ein geistiges Leben zu führen bedeutet: gütig, liebevoll, barmherzig, gerecht, tolerant und sanftmütig zu sein. Wenn wir unserer göttlichen Natur den Weg ebnen, durch uns in der Welt zu wirken, dann sind wir geistig erwacht und finden einen Frieden, der aus einer Harmonie zwischen Geist, Seele und Körper resultiert. In diesem Erwachen erkennen wir, dass wir Menschen den gleichen Ursprung haben, welchen Namen wir unserer Quelle auch immer geben mögen. Vor unserem Schöpfer sind wir alle gleich, sind Brüder und Schwestern.
Wir sind Bürger dieses wunderschönen Planeten Erde, der unser aller Heimat ist. Was gibt es denn Schöneres, als ein Leben zu leben, das die Liebe zu Gott und allen Geschöpfen einschließt. Geistig reich und mächtig werden wir, wenn wir die höhere Liebe verwirklicht haben. Dann sind wir Träger einer gottgegebenen Macht, die uns Menschen und den Geschöpfen unserer Erde dienlich ist.
Wenn wir Menschen Weisheit erlangt haben und den Willen des Schöpfers, als sein erschaffenes Werkzeug für die Umsetzung seiner Absicht, hier auf Erden erfüllen, dann sind wir rein wie ein Bergkristall, dann sind wir geheiligt, denn wir sind heil geworden. Dann hat sich Gott in uns, seinem geschaffenen Menschen, verwirklicht. In diesem Sinne verneige ich mich in Liebe

und Demut vor meinem Schöpfer, meinem Gott und preise ihn. Halleluja.«

Staffan versank in tiefem Schweigen. Lillemor erfasste tiefe Freude und Dankbarkeit. Auch ihre Gedanken weilten bei dem Allerhöchsten.

Von Ricarda Jaekel ebenfalls lieferbar:

Im Land der Sonne und des Windes
Die Geschichte von Lillemor und Staffan
Für alle, die auf der Suche sind
Teil 1
2010. 128 Seiten. Paperback € 12,80. SFr. 21,90
ISBN 978-3-89950-437-8

Nördlich unterm Himmelswagen
Wege der Heilung
2010. 96 Seiten. Paperback € 9,80. SFr. 17,50
ISBN 978-3-89950-591-7